新手父母

43則研究主題 × 100個up有趣實驗

科學玩很大①

〔暢銷修訂版〕 でんじろう先生の学校の理科がぐんぐんわかるおもしろ実験

輕鬆理解學校自然課，激發創意滿滿的科展魂

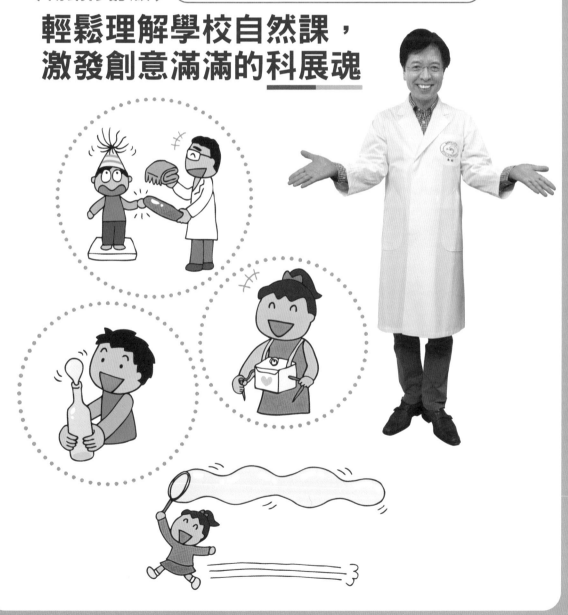

目錄

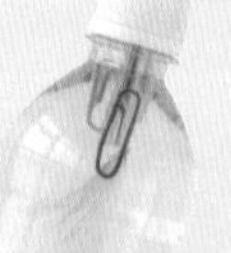

浮沉子

第1章 用空氣、水、光做實驗

手工溫度計

第2章 用各式各樣的力做實驗

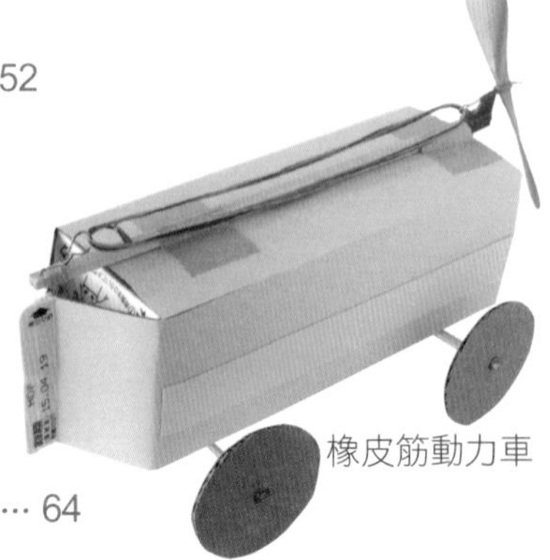

橡皮筋動力車

第3章 探索眼前的生物與大自然

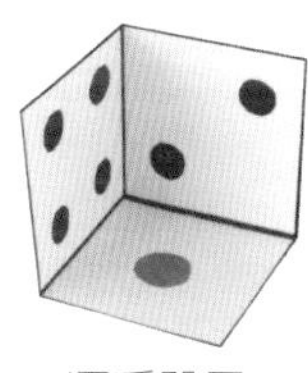

漂浮骰子

水耕植物

第4章 燒看看！溶看看！

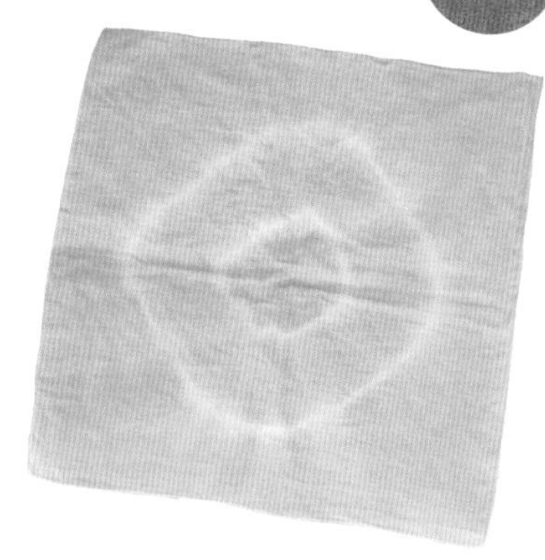

第5章 用實驗破解電的謎團

收集靜電杯

不會破的泡泡最好玩

不會破的超級泡泡

利用能做出大泡泡的肥皂水，
並參考以下步驟，邊玩遊戲邊做實驗吧！

傳治郎老師你有方法可以做出不會一下子就破掉的泡泡嗎？

當然有。還能拉出這麼大的超級泡泡喔。

好厲害！我也想學！

1 製作超級泡泡肥皂水

● **準備材料** 水、家用清潔劑（含界面活性劑成分）、洗衣精（含聚乙烯醇成分）、水桶、攪拌棒、用來裝泡泡水的淺盆

1 以10：5的比例將水與洗衣精倒入水桶混合，再加入1/10水量的清潔劑後慢慢攪拌均勻。如果攪太快，泡泡會跑出來喔。

★例：水 1000ml、洗衣精 500ml、清潔劑 100ml

把超級泡泡水攪拌均勻後，再靜置30分鐘，效果會更好。

照比例把水、洗衣精和清潔劑混合完成後，
再將超級泡泡水倒入可以擺進鐵絲圈的淺盆裡。

⚠ 小心別讓泡泡水跑進眼睛或嘴巴。

2 製作吹泡泡鐵絲圈

● **準備材料** 可彎折的鐵絲、繃帶（或紗布、碎布條）

1 將鐵絲彎折成環狀，大小要能放進裝有泡泡水的淺盆。另外，要預留一小段鐵絲來製作握柄。

2 鐵絲的圓環要纏上繃帶，並在握柄附近打結固定。

加了這層布，泡泡水更容易附著在鐵絲圈上。

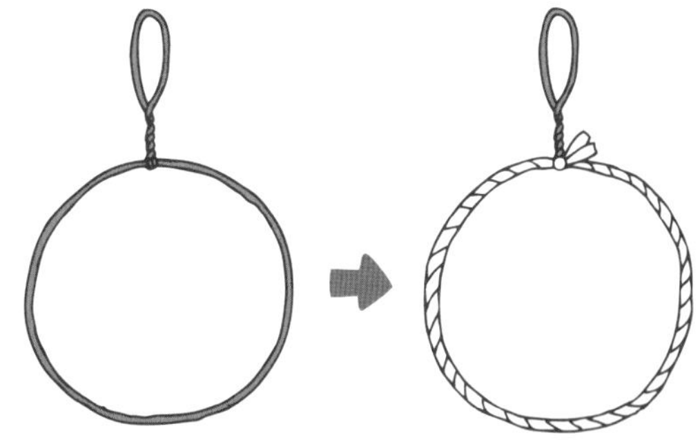

★布要纏緊一點，不能有任何空隙喔。

3 製作各式各樣的超級泡泡

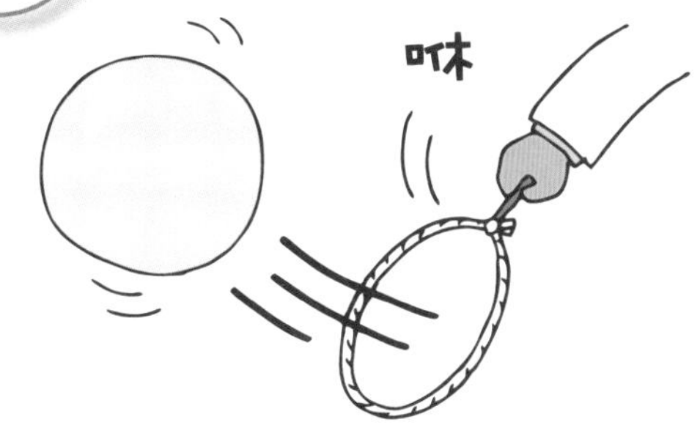

【大泡泡】

先揮舞鐵絲圈養出大泡泡。當泡泡變大之後，迅速向下揮動，讓泡泡與鐵絲圈分離。

【超長泡泡】

拿著沾滿泡泡水的鐵絲圈快跑或原地繞圈圈快走。試試看，能把泡泡拉到多長呢？

【泡中泡】

先做個大泡泡，但別跟鐵絲分離，接著往大泡泡裡吹氣。

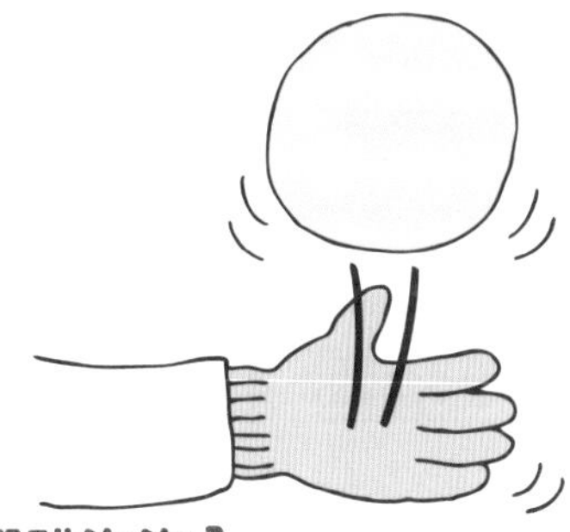

【彈跳泡泡】

戴上棉布或毛線手套，就能讓泡泡在自己手上彈跳。

下一頁還有喔

為什麼超級泡泡不容易破掉呢？

水具有讓表面積縮小的特徵，像是植物葉面上的水珠、從水龍頭滴下的水滴，表面都是圓弧狀的，這就是所謂的「表面張力」。

所以，光用水無法做出超級泡泡，一定要添加清潔劑。清潔劑內所含的界面活性劑，能降低水的表面張力，形成薄膜。這樣一來才能包覆空氣，變成泡泡。

不過，只加了清潔劑的泡泡水，做出來的泡泡很容易破掉。若是能加入洗衣精增加黏度，泡泡就可以維持更久囉！

4 利用各種道具來做不一樣的泡泡

用這些身邊常見的道具來做泡泡，
觀察泡泡形狀會不會隨著道具不同而改變？

在家尋找看看，還有沒有其他可以用的道具。

★鍋鏟

★打蛋器

★餅乾模型

★蓮藕

★寶特瓶（切掉下半部）

★捲筒衛生紙紙芯

★飲料紙盒（切掉上端與底部）

利用以上道具做出的泡泡，有哪些形狀呢？
發現了嗎？雖然道具形狀有所不同，但做出的泡泡都是圓形的。
想知道如何做出「非圓形」泡泡嗎？就用實驗 5 來驗證吧！

5 能做出不是圓形的泡泡嗎？

● **準備材料** 泡泡水（市面上賣的吹泡泡水也可以）、毛根

1 把毛根折成像右圖一樣的三角錐與正方體（記得預留手要拿的握柄）。

2 整個框框沾了泡泡水先上提，待形成像照片①的泡泡膜，再把框框底部以上1/4浸泡到泡泡水中後拉起，就會出現照片②的正方體與三角錐泡泡了。

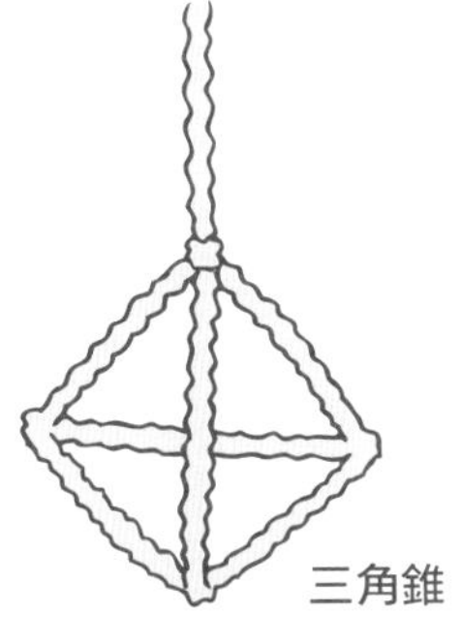
三角錐

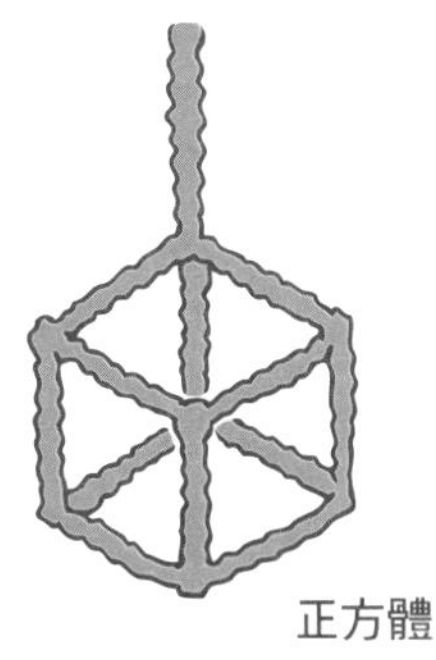
正方體

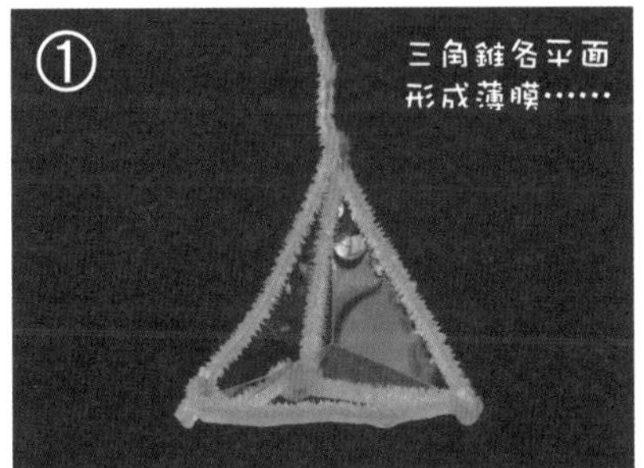
①
三角錐各平面
形成薄膜……

底部再沾一次泡泡水……

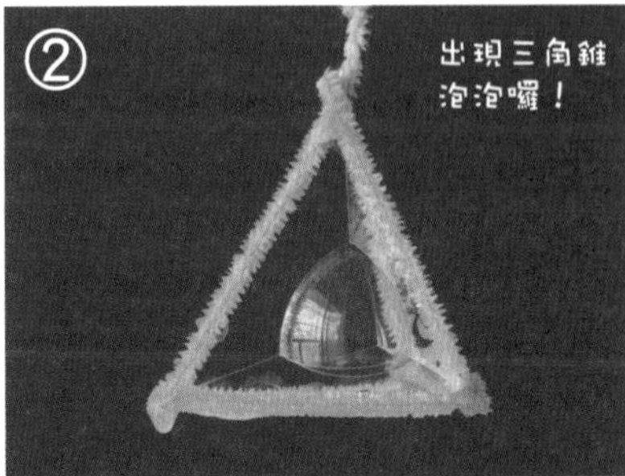
②
出現三角錐
泡泡囉！

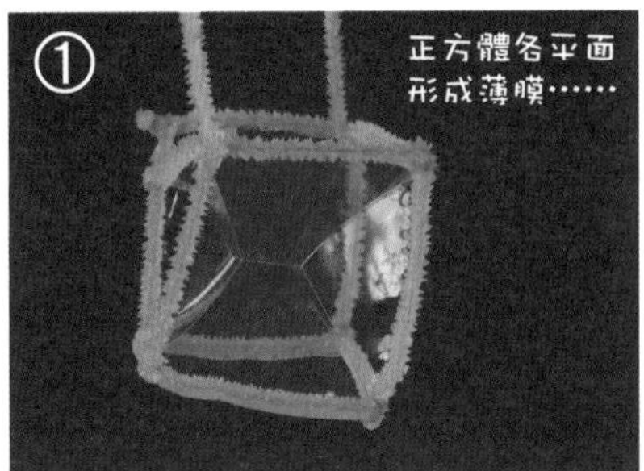
①
正方體各平面
形成薄膜……

底部再沾一次泡泡水……

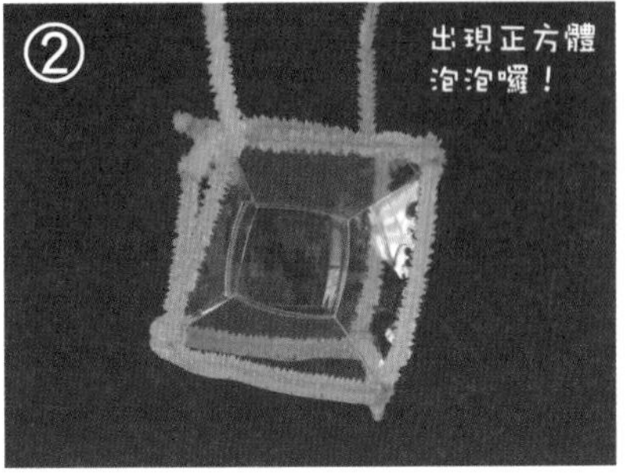
②
出現正方體
泡泡囉！

解說

為什麼會出現三角錐泡泡跟正方體泡泡呢？

空氣愈多，泡泡就愈大，空氣消失了，泡泡就會跟著縮小。泡泡會以盡量縮小表面積的狀態存在。

球體、正方體、三角錐等，都算是立體的一種。但在空氣體積相同情況下，表面積最少的就是球體。因此，平常看到的泡泡都是圓形（球體）。

為什麼用三角錐或正方體的框框，就可以製作出三角錐或正方體的泡泡呢？那是因為各個邊框相互連結的形狀，就是薄膜的最小面積。

誰是酸性？誰是中性？誰是鹼性？

用紫色高麗菜判斷酸鹼

紫色高麗菜（紫甘藍）水溶液的顏色，
居然會隨著東西的性質不同而改變。
這到底是怎麼一回事啊？

其實，這是化學反應讓食物的顏色產生變化啦！
快看，這可是我推出的最新產品 — 藍色炒麵。
天啊，好噁心唷！
為什麼麵會變成這種顏色啊？

學校教過的事

用「石蕊試紙」來辨識水溶液的性質

實驗

1. 將蘇打水、鹽酸、氨水、鹽水分別滴在藍色和紅色的石蕊試紙上。
2. 從石蕊試紙的顏色變化，可以判斷以上四種水溶液的酸鹼性。

結果

- 透過藍色石蕊試紙與紅色石蕊試紙的顏色變化，可以將水溶液區分為中性、鹼性、酸性三種。

讓藍色試紙變紅色的，就是「酸性」水溶液，讓紅色試紙變藍色的，就是「鹼性」水溶液，藍色試紙或紅色試紙都沒有任何變化的，就是「中性」水溶液。接下來的這個實驗，則是用紫色高麗菜水溶液來取代石蕊試紙。

觀察日常生活中的水溶液

● **準備材料** 紫色高麗菜葉1～2片、1杯水、小鍋子

【製作紫色高麗菜水溶液】

1. 先將紫色高麗菜葉剁切成細碎狀。
2. 將水倒入小鍋子裡加熱，煮沸之後，再倒入1的紫色高麗菜葉。
3. 繼續煮約1分鐘，鍋裡的水變成紫色，即可關火。

【來做實驗吧】

● **準備材料** 紫色高麗菜水溶液、小碟子（或容器）、進行實驗的各種水溶液（如牛奶、檸檬汁或醋、肥皂水、蔬菜水溶液等）各1小匙
※將水跟切碎的蔬菜（如茄子、番茄等）放進容器裡搗碎，就可以製作出蔬菜水溶液了。

1. 將要進行實驗的水溶液倒進小碟子裡。
2. 加入1大匙紫色高麗菜水溶液，並仔細觀察液體的顏色變化。

顏色變化不夠明顯的話，可以增加進行實驗的水溶液份量喔。

■檸檬汁
變粉紅色了！
■肥皂水
變藍綠色了！
■小蘇打水
變紫色了！
■牛奶
沒有改變！
■番茄蔬菜水
變紅色了！
■茄子蔬菜水
沒有改變！

下一頁還有喔

2 製作紫色高麗菜炒麵

● **準備材料** 油麵1包、平底鍋與鍋鏟、檸檬汁（或醋）1大匙、沙拉油少許、紫色高麗菜數片

1. 紫色高麗菜切成細絲狀。
2. 平底鍋加熱後，倒入沙拉油與紫色高麗菜拌炒。
3. 接著放入油麵一起炒，並看看顏色的變化。
4. 顏色改變後，再淋上檸檬汁或醋。觀察炒麵的顏色變化，與3有什麼不同呢？

油麵要選擇有添加「鹼水」成分的產品喔。

黃色的麵變成藍綠色了！

因為製作油麵時，會加入名為「鹼水」的鹼性物質，跟紫色高麗菜裡的花青素相互反應後，就會變色。

麵條加檸檬汁後，變成粉紅色了！

解說 為什麼紫色高麗菜會讓食物變色？

因為紫色高麗菜裡含有花青素。花青素容易溶於水，顏色也會隨著物質的性質而出現變化。遇到酸性就變紅色，遇到鹼性就變藍色，遇到中性則維持不變。

這樣一來，我們就能透過紫色高麗菜水溶液來區分液體的屬性。例如，遇到酸性成分較強的檸檬水、番茄水等液體，就會變成粉紅色。遇到鹼性成分較強的肥皂水、碳酸水等液體，就會變成藍色。顏色沒有改變的牛奶、茄子水等液體，則是中性。

用來衡量各種物質溶液酸鹼性的單位，就稱為 pH 值（酸鹼值）。

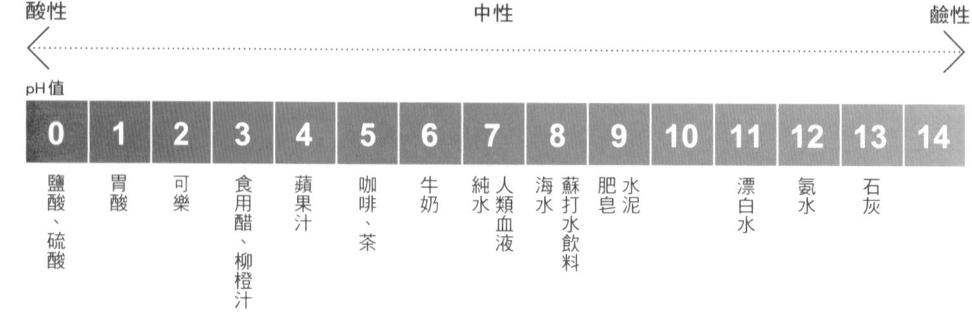

3 更多會變色的料理

使用以下常見的食材，來做變色料理吧！

【炒麵＋咖哩粉】

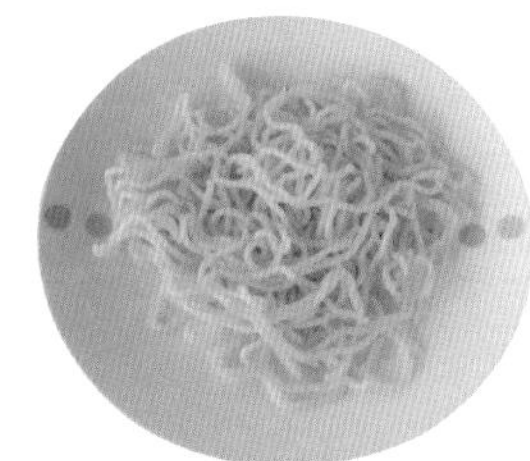

炒麵

＋

咖哩粉

＝

紅色！

★咖哩粉中含有「薑黃」。薑黃裡的「薑黃素」成分，在遇到含有鹼水（鹼性）的油麵就會變成紅色的唷。

【牛蒡＋蒟蒻】

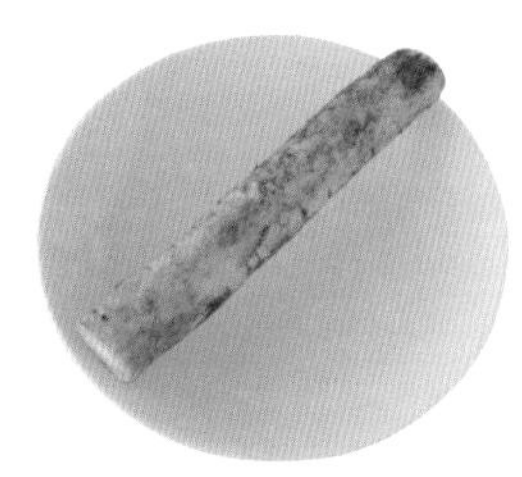

牛蒡

＋

蒟蒻

＝

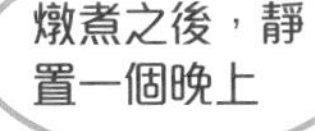

綠色 !?

★一起燉煮的牛蒡與蒟蒻靜置一晚之後，蒟蒻居然變綠色的。這是因為牛蒡的綠原酸成分，與蒟蒻所含的鹼性凝固劑相互反應的結果。

原來食物裡所含的某些成分，會對鹼性的物質產生反應啊。

還有其他會變色的食物嗎？我也好想來試試看喔。

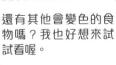

想要自己動腦，親手做看看，是很棒的一件事！對了，紫色高麗菜跟烏龍麵一起煮的話，烏龍麵會呈現紫色高麗菜原來的淡紫色，這就表示烏龍麵是中性的喔。

在水中載浮載沉的玩具

神奇的「浮沉子」

浮沉子是一種奇妙而有趣的玩具，
它可以在水裡起起伏伏、載浮載沉。
趕緊來做實驗，解開其中祕密吧！

學校教過的事

空氣或水受到擠壓時，體積會如何變化？

實驗

1. 把針筒裡裝入空氣，並堵住針筒出口。
2. 用力壓活塞，使空氣受到擠壓，活塞往前挪動。
3. 以同樣的方式來觀察水的變化。

結果

- 空氣受到擠壓後，體積會變小。但水與空氣不同，就算受到擠壓，體積也不會出現任何變化。

空氣與水受到擠壓時，所展現的特性不同。接下來，傳治郎老師的實驗，會將空氣與水同時裝進寶特瓶，一擠壓就可以觀察吸管的神奇變化。

1 製作浮沉子

● **準備材料** 寶特瓶（500～600ml飲料用的圓筒瓶）、吸管、大鐵夾、打火機、迴紋針、透明的大杯子，裝飾或標記用的物品（油性筆、水彩顏料、串珠、塑膠繩、彈珠等）

⚠ 需要用火的時候，記得請大人幫忙喔。

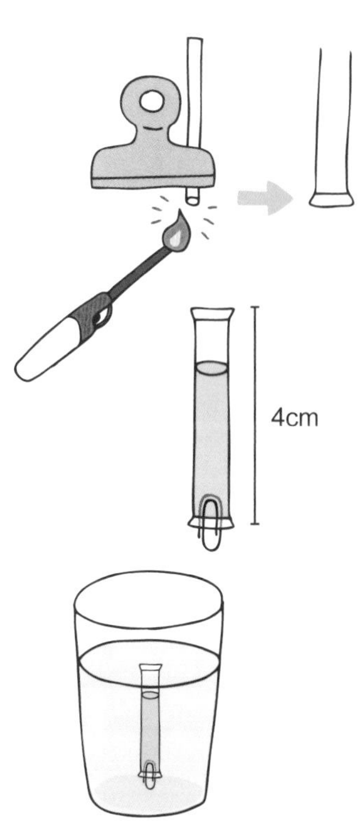

1 **用鐵夾將吸管一端夾住，露出部分用打火機烤一下，降溫後就會閉合。**

2 **將1吸管由閉合處往上剪約4cm，裝進七分滿的水，再以1的方式封口，並把其中一端夾上迴紋針。**

3 **將浮沉子放入裝水的透明杯子中。讓吸管頂端（無迴紋針那端）稍微浮出水面，是最理想的狀態。**

● 若浮沉子露出水面太多，可用裝飾技巧進行調整。

● 若浮沉子沉入水中過深時，可稍微將吸管剪開，慢慢調整吸管內的水量。調整後再次用打火機封口。

裝飾浮沉子的小技巧

★將添加水彩顏料的水倒入吸管，或用油性筆在吸管上塗鴉。

★將水與彩色小串珠一起倒入吸管內。

★將塑膠繩撕成條狀，並固定在迴紋針上。

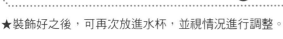

★裝飾好之後，可再次放進水杯，並視情況進行調整。

4 **將調整好的浮沉子放入裝滿水的寶特瓶，再依個人喜好放入彈珠，蓋上瓶蓋就大功告成了。**

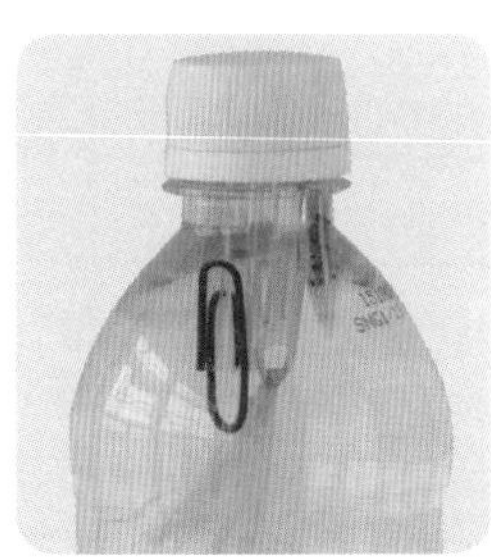

寶特瓶內的浮沉子裝飾（迴紋針）朝下，浮在接近瓶口的位置就成功囉！

還有下一頁喔

2 來玩浮沉子遊戲

透過調整力道的方式，重複緊握與放鬆的動作。

1 用力握住寶特瓶的瓶身，原本飄浮在水面上的浮沉子，就會慢慢沉入水中。

2 手掌一放鬆，浮沉子又會再度浮上水面了。

用力！

咦？為什麼浮沉子會自己動啊？

好神奇喔！

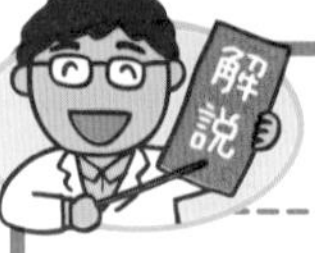

為什麼浮沉子會在水中載浮載沉？

空氣具有「一受到擠壓，體積就會變小」的特性。

用力握住寶特瓶時，吸管裡的空氣受到擠壓，體積就會變小。空氣體積變小，就會減弱吸管浮在水面上的力量，浮沉子也因此往下沉。手一鬆開，空氣恢復原本的體積，浮沉子就會再次浮上水面。

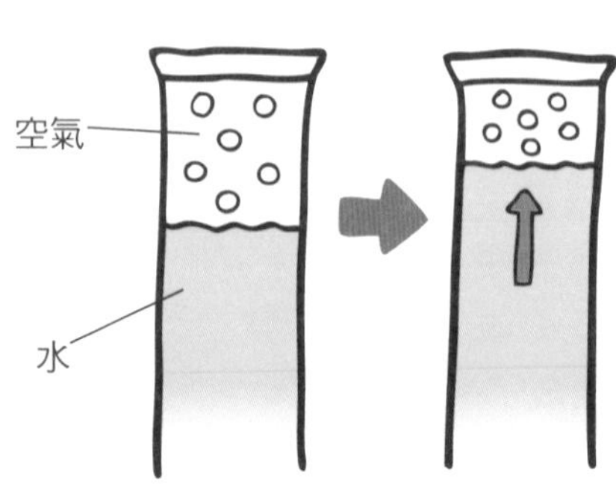

來欣賞優美的平衡感吧！

平衡蜻蜓

紙蜻蜓也能像真蜻蜓一般優雅飛行！
抓到訣竅，就能讓紙蜻蜓停在任何地方！

學校教過的事

如何讓槓桿的兩端維持平衡呢？

實驗

1. 在槓桿的左邊掛上重物。
2. 右邊也掛上重物，並記錄左右達平衡時的重物位置與重量。
3. 調整左邊重物的位置與重量。

結論

- 當槓桿左右兩側呈現平衡狀態時，可以得出以下公式：
  重物的重量 X 與支點的距離

也就是說，即便其中一端的重物重量較輕，但只要距離支點較遠，兩邊還是可以達到平衡。傳治郎老師的實驗就是利用這個原理，使兩個槓桿組合起來的蜻蜓停在定點上。

1 製作平衡蜻蜓

● **準備材料** 厚紙板（B4大小）、剪刀、鉛筆、色鉛筆

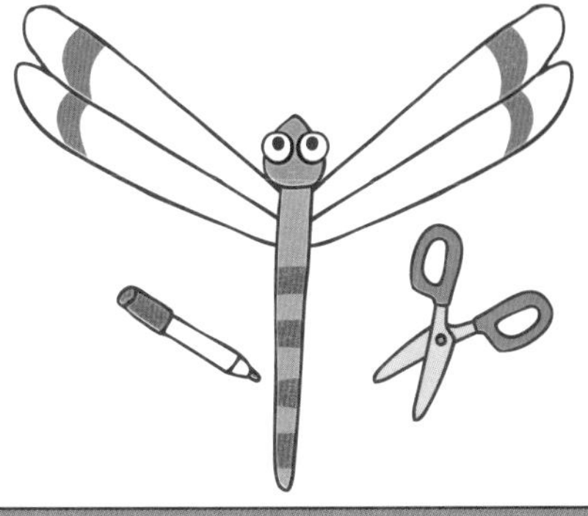

1. 在厚紙板上畫一隻蜻蜓（可參考下頁蜻蜓圖，或直接放大影印貼在厚紙板上）。
2. 依照個人的喜好彩繪，畫出自己覺得最可愛的蜻蜓。
3. 沿著邊框，把畫好的蜻蜓剪下來。

下一頁還有喔

■ 蜻蜓參考圖（以 200%倍率影印，做起來更簡單）

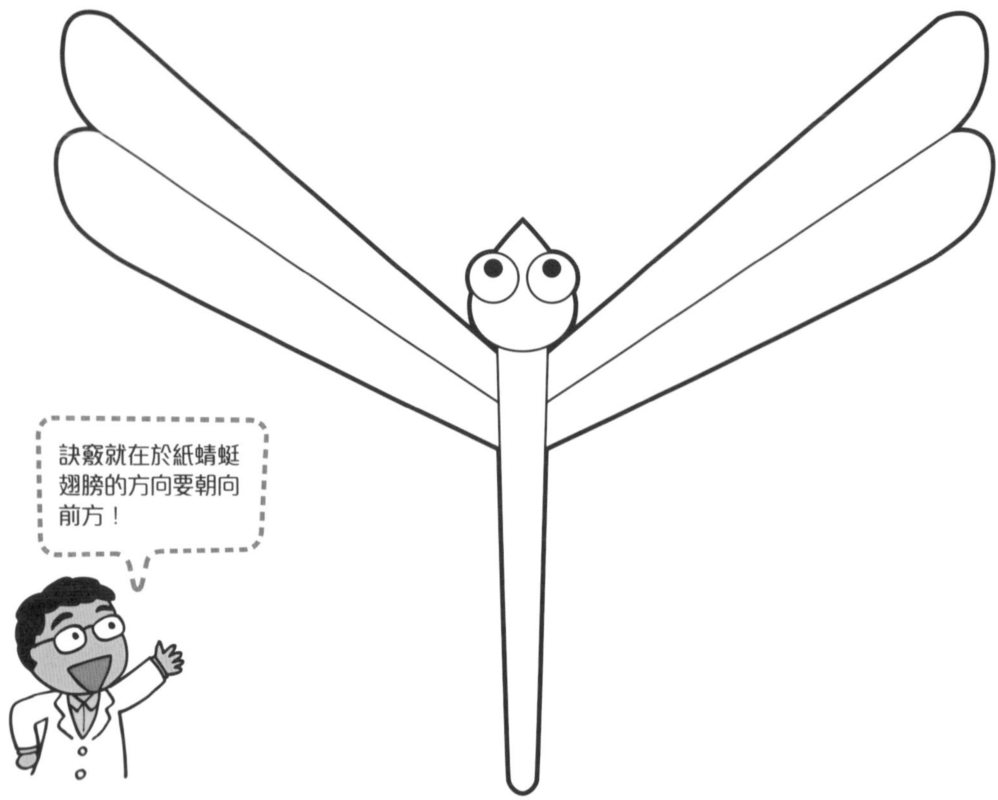

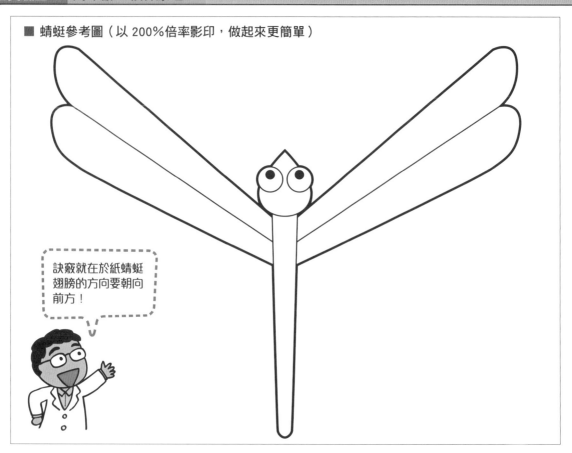

2 進行平衡調整

1 將紙蜻蜓的嘴巴往下折。

2 將紙蜻蜓的翅膀輕輕往下折，讓整體的重心往前移。

3 將鉛筆筆尖朝上直立，底部可用晒衣夾等固定。

4 將蜻蜓嘴巴擺放在筆尖上。取得平衡的話，蜻蜓就會停在筆尖上。

蜻蜓的嘴巴就是槓桿的支點。用翅膀和尾部來取得平衡吧！

無法取得平衡時……

- 增加翅膀下彎的幅度（可超過嘴巴）。
- 讓蜻蜓尾端朝上，呈現倒立狀時，再調整翅膀下彎幅度，或稍微修剪翅膀前端。

3 平衡蜻蜓的各種玩法

順利取得紙蜻蜓的平衡後，玩法就更加多樣化了。

【讓蜻蜓停在各種地方】

寶特瓶上
書桌的桌腳
書本上
指尖上……

【製作形狀或大小不同的蜻蜓】

試著做做看不同的紙蜻蜓，
特大的蜻蜓或迷你的蜻蜓都行。
改變紙蜻蜓的翅膀長度也OK喔！

【平衡蜻蜓賽跑】

各自把紙蜻蜓放在指尖上，比比看誰跑得快。分組比賽會更刺激、更有趣喔！

解說

平衡蜻蜓的祕密大公開

平衡蜻蜓正是利用槓桿原理而做成的玩具。玩具的支點是蜻蜓嘴巴前端，左右翅膀和尾端則用來維持整體平衡，讓紙蜻蜓可以成功立在物體上。

紙蜻蜓左右兩側的翅膀重量，及與支點的距離幾乎一樣，但尾端距離支點比較遠，如果想要取得平衡，左右翅膀的位置要比支點再往前一點。

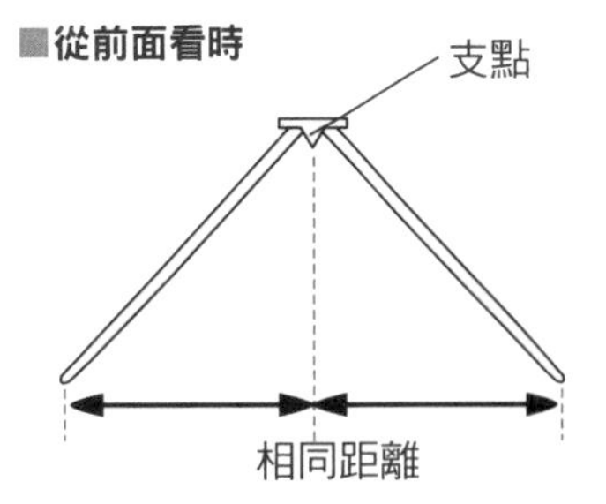

P.66～67做的彌次郎兵衛玩具，也是相同的道理喔。

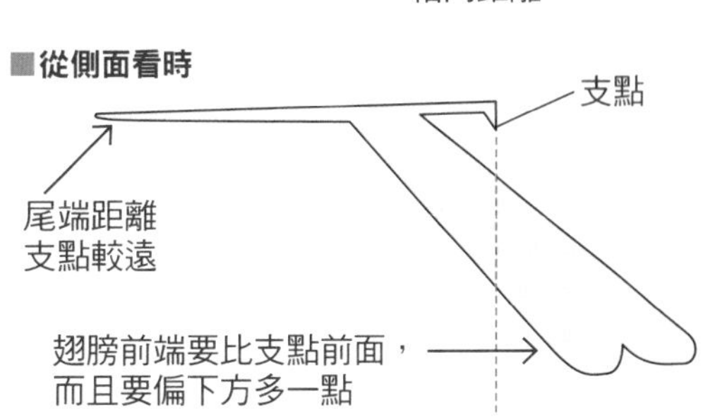

隨手可得的做電池材料

來做「木炭電池」

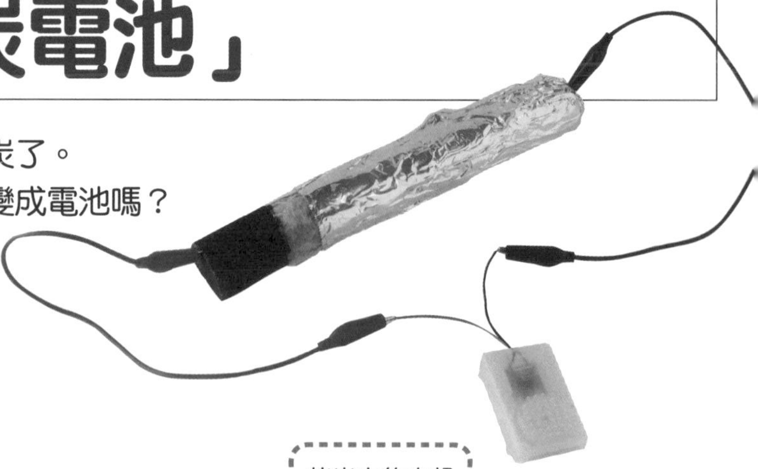

烤肉時，不可或缺的就是木炭了。
但是，大家知道木炭也可以變成電池嗎？
而且製作方法超簡單喔！

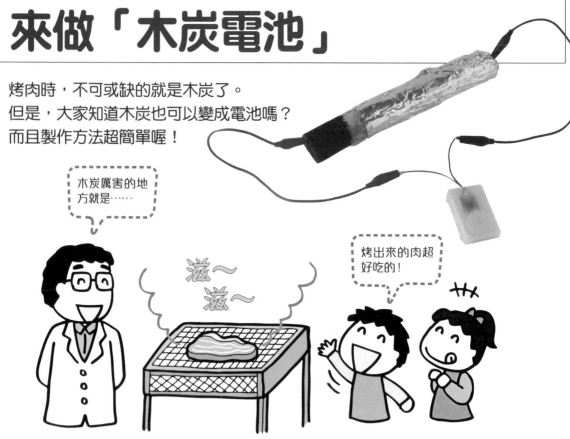

木炭厲害的地方就是……

滋～
滋～

烤出來的肉超好吃的！

學校教過的事

乾電池的連結方式會影響電力強弱？

實驗

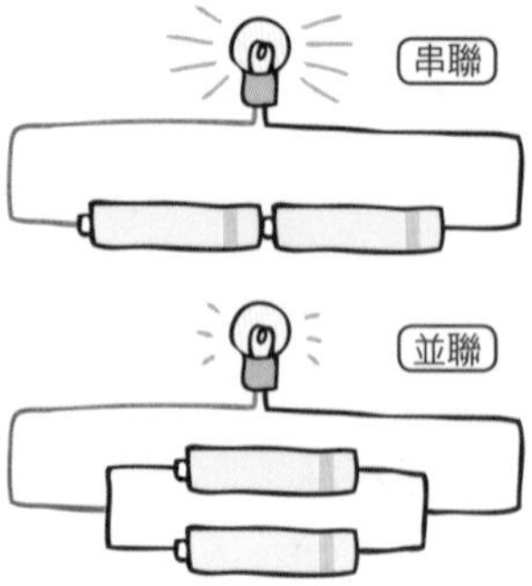

1. 觀察使用 1 顆乾電池時的燈泡亮度。
2. 觀察使用 2 顆乾電池串聯或並聯時，跟只用 1 顆乾電池的不同之處。
3. 發現串聯時燈泡會變更亮，並聯則不變了嗎！

串聯

並聯

結論

● 乾電池串聯時，通過迴路的電流會變強，並聯時強度不變。

乾電池串聯時，電流變強，電力也跟著增加。傳治郎老師的實驗裡，會將 3 顆木炭電池串聯起來，讓電池的威力更加強大喔。

1 製作木炭電池

● **準備材料** 備長炭（※備長炭以外的木炭通通不行）、廚房用餐巾紙、鋁箔紙、水、鹽巴

1 將鹽巴倒入水中，調製成飽和食鹽水（均勻攪拌後，有鹽巴沉積在杯底）。

2 用餐巾紙把備長炭包起來（參考圖 I）。

3 將**1**的飽和食鹽水淋在**2**的餐巾紙上，再輕輕擰乾。

4 把**3**用鋁箔紙包起來（參考圖 II）。鋁箔紙要包在溼餐巾紙的外圍，別直接接觸到備長炭喔。

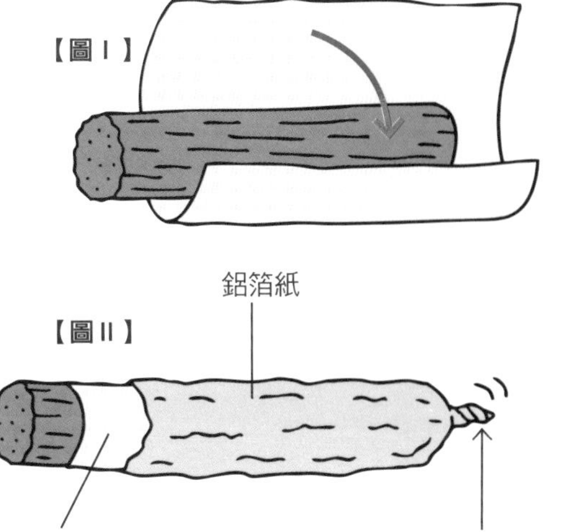

將鋁箔紙捏緊，讓鋁箔紙緊貼著廚房用餐巾紙，電池的接觸會變更好。

2 啟動音樂 IC 模板

● **準備材料** 音樂 IC 模板（或把音樂卡片拆開、拿掉電池來用也可以）、雙頭鱷魚夾測試線 2 條

將2條鱷魚夾測試線的其中一端，分別夾在木炭電池的兩側，測試線另一端則要與音樂IC模板的正負極相連接。

備長炭的這端是正極，鋁箔紙的那端是負極。

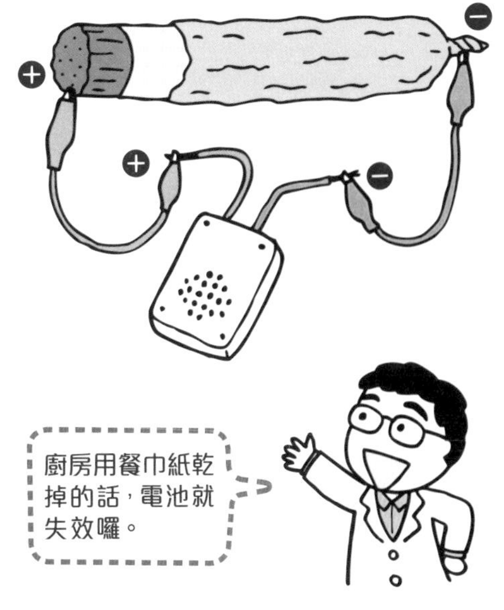

廚房用餐巾紙乾掉的話，電池就失效囉。

●為什麼沒聲音呢？

- 將鋁箔紙用力捏緊，讓鋁箔紙緊貼餐巾紙。
- 是不是將正極與負極接反了呢？
- 鋁箔紙有沒有直接接觸到備長炭呢？
- 廚房用餐巾紙有沒有破洞呢？
- 聲音微弱的話，可能是木炭電池電力太弱，不妨用下一頁的實驗 **3**，把電池串聯起來。

還有下一頁喔

解說

為什麼木炭可以變成電池呢？

實驗結束之後，可以將包在木炭上的鋁箔紙撕下來，透過燈光觀察一下，應該會看到鋁箔紙上有許多小洞。這是因為鋁箔紙被鹽水溶解，產生負極電子。這些電子會經由鱷魚夾測試線跑到音樂IC模板，再傳回木炭。木炭裡的氧氣就會接收電子。

鋁箔紙釋出電子，木炭接收電子，這樣的循環過程中，就會啟動音樂IC模板，播放出音樂。水分乾掉後，鋁箔紙無法繼續溶解，電池就會失去作用。

■木炭電池構造說明

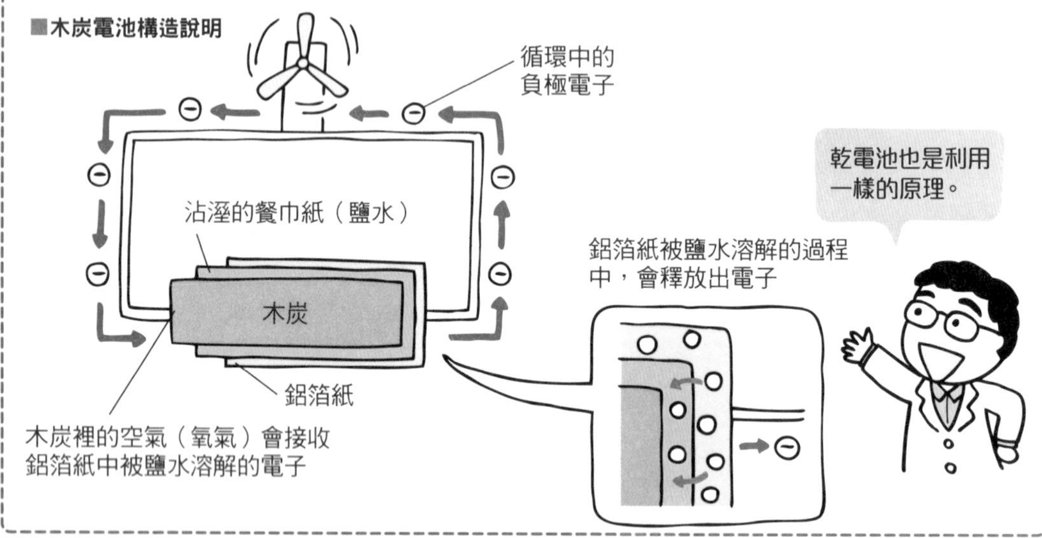
循環中的
負極電子
沾溼的餐巾紙（鹽水）
木炭
鋁箔紙
木炭裡的空氣（氧氣）會接收
鋁箔紙中被鹽水溶解的電子
鋁箔紙被鹽水溶解的過程
中，會釋放出電子
乾電池也是利用
一樣的原理。

3 木炭電池串聯的驚人電力

兩顆3號電池的電力，大約等同於三顆木炭電池。

將木炭電池串聯起來，電力足以啟動收音機或小風扇。

● **準備材料** 裝電池的收音機（或小風扇）、木炭電池 3 顆、鱷魚夾測試線 2 條

1 先將收音機電池取下，將鱷魚夾測試線夾在＋與－的端子（金屬部分）上。

2 如右圖所示，將三顆木炭電池串聯後，正負兩端分別與收音機的＋與－連結。電池產生電力，就能啟動收音機了。

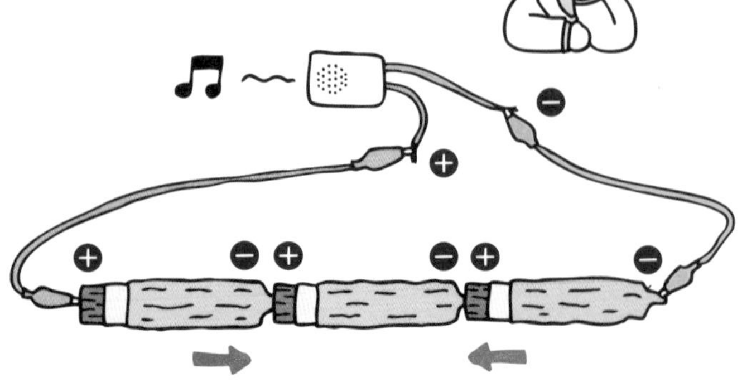

★用手壓著木炭電池，能讓電池接觸變得更好。

生活中的常見物品
也充滿許多不可思議！

用空氣、水、光做實驗

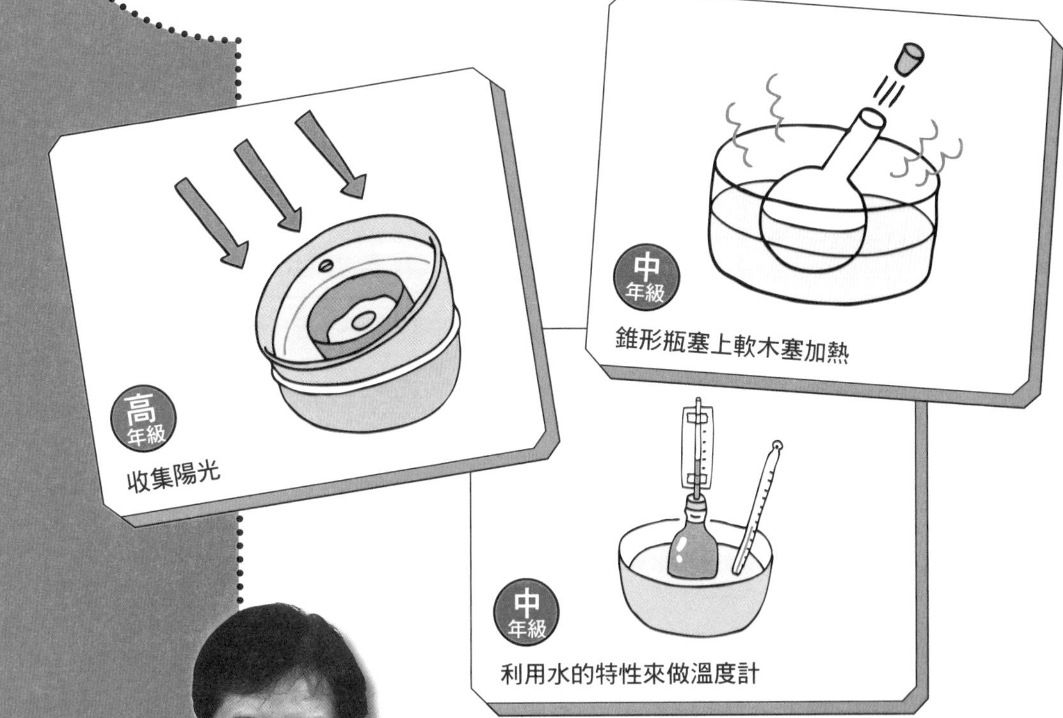

環繞在我們身邊的空氣與水，藉由溫度或外力，可以產生各種神奇變化，而光線也會因此彎曲或折射。只要用心觀察，就能發現未知的特質。在這個章節裡，就用傳治郎老師的超有趣實驗，來驗證自然課所學到的空氣、水、光的特性吧！

丟出去一定會回來

有去就有回的迴力鏢

丟出去就一定會飛回來的迴力鏢，
無論往哪丟，都會回到自己身邊。
只要一張厚紙板就能做出這個玩具！

1 製作超級迴力鏢

● **準備材料** 條狀厚紙板（※要有一定厚度，並裁剪成約13.5cmX2.5cm的紙片3張）、剪刀、釘書機

1 在3張厚紙板的單側短邊中間，剪出約1cm的切痕。

2 利用切痕先將2張厚紙板組合起來後（成V字），再裝上第3張厚紙板。組合完畢之後，將3張紙片的角度調整到一致。

3 在3張紙片重疊處，用釘書針固定。

4 抓著迴力鏢的尾端，輕輕扭轉紙片。每一張紙片扭轉角度要差不多。

⚠ 將迴力鏢尾端修成圓弧狀，玩起來會比較安全。

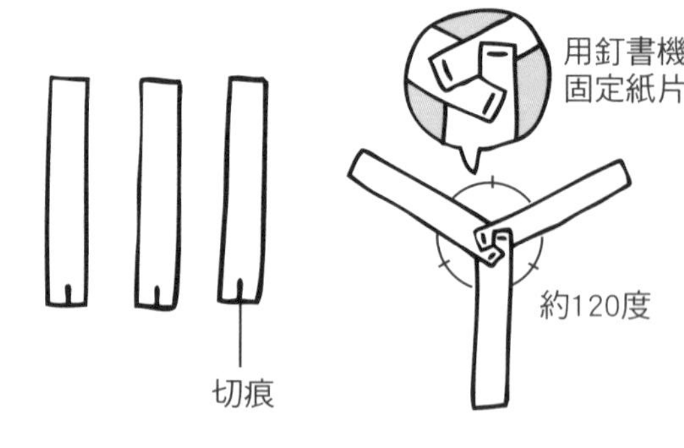

迴力鏢翅膀的扭轉方法

■**慣用右手的人**
往逆時針方向扭轉

正面

■**慣用左手的人**
往順時針放向扭轉

★無論往哪轉，三紙片都要朝同一方向。

2 迴力鏢這樣丟最厲害

1 用大拇指和食指夾住迴力鏢，讓它與地板呈垂直方向（大拇指握的是正面）。

2 手腕向後、手肘彎曲、整隻手臂往身體後方延伸。

3 快速的將手臂、手肘往前甩，並利用手腕的力量把直立的迴力鏢往前丟。

4 用兩手手掌夾住飛回自己身邊的迴力鏢。

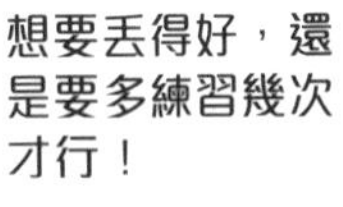

玩的時候，要選在空曠的地方，才不會丟到人或撞到東西。

●**為什麼迴力鏢飛的不太順？**

■除了三片翅膀外，也可以試著轉一下整隻迴力鏢。不過，轉動角度不能太大，否則丟出去後，可能會直接掉到地上。扭轉方式跟翅膀一樣。

■先確定大拇指接觸面為正面，再確認丟出時，迴力鏢是否與地面垂直。

想要丟得好，還是要多練習幾次才行！

3 各式各樣的迴力鏢實驗

知道怎麼丟之後，可以在迴力鏢上做些調整。
看看迴力鏢會不會出現驚人變化！

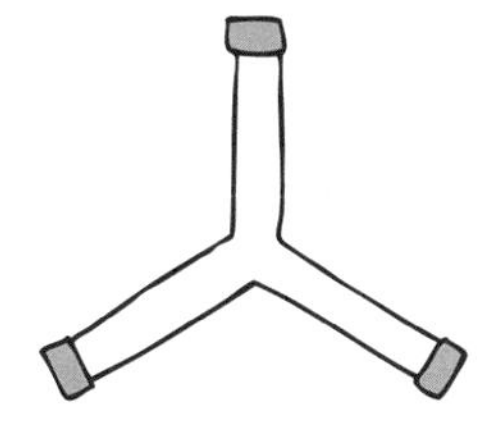

★在翅膀尾端纏上透明膠帶，增加迴力鏢重量。

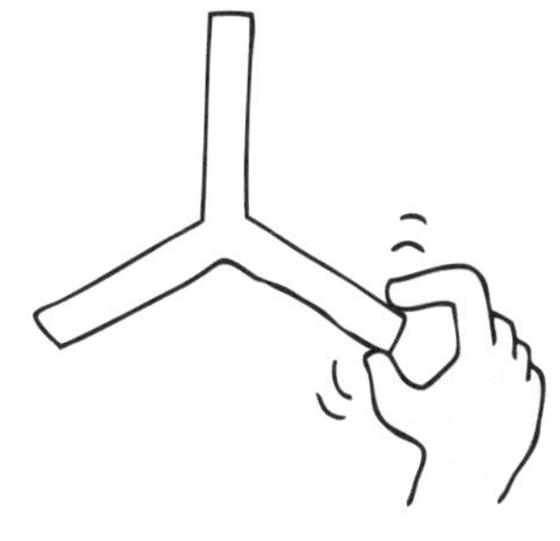

★把迴力鏢的翅膀往反方向扭轉。

★剪掉紙片的尾端，讓翅膀變短。

到底可以飛多遠啊？

用寶特瓶做飛碟玩具

寶特瓶飛碟的做法雖然簡單，
卻一丟就可以「咻——」，飛得又高又遠。
大家快點一起來嘗試看看吧！

咻——

啊！有飛碟？！

哈哈哈！嚇到了嗎？這是我用寶特瓶做的飛碟玩具喔！

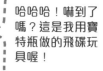

1 用寶特瓶來做飛碟

● **準備材料** 寶特瓶（500～600ml飲料用的圓筒瓶）、防水布膠帶、油性麥克筆、剪刀、美工刀

1. 在寶特瓶的瓶身上裁剪一個寬約4cm的圓圈。下刀前，先用油性麥克筆畫出輪廓，再用美工刀割出一個小縫，最後用剪刀將圓圈剪下來。
2. 將剪下來的圓圈修剪整齊，並在其中一側纏上5～6圈膠帶來增加重量。讓圓圈重心偏離正中央。
3. 用油性麥克筆畫好圖案就完成了。

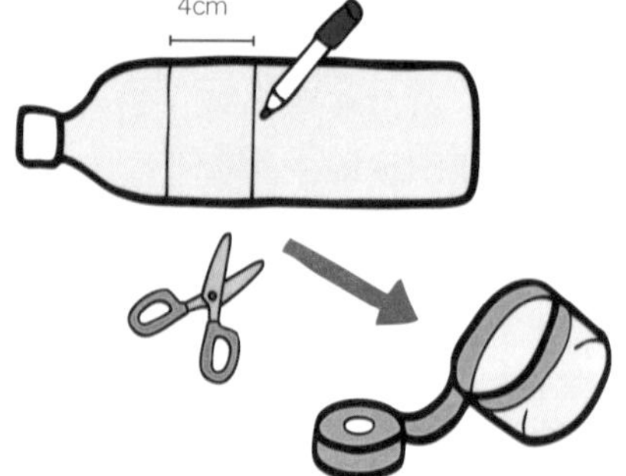
4cm

★一個寶特瓶可以做兩個飛碟玩具唷。

2 讓飛碟飛起來

1 <怎麼拿>
把纏有膠帶的那一面朝向前方，用大拇指跟食指（或中指）輕握有膠帶的那端。

2 <怎麼丟>
一邊旋轉寶特瓶飛碟，一邊直直地往前丟出去。善用手腕與手指的力量，讓飛碟旋轉。

★丟的訣竅在於不是往上丟，而是快速地向前方丟出去！

如果抓到訣竅，寶特瓶飛碟搞不好可以邊轉邊飛超過20公尺。

⚠ 玩的時候，要在空曠的地方，才不會丟到人或撞到東西。

寶特瓶飛碟的祕密

為什麼寶特瓶飛碟可以飛這麼遠呢？祕密就在「旋轉」。

當物品往前進方向旋轉時，旋轉速度愈快，就愈能維持一直線。比方說，用超快的速度騎腳踏車時不會跌倒，可是只要一停下來就會跌倒了。

同理可證，只要讓寶特瓶飛碟持續旋轉，就能一直線飛出去。稍微往上方飛的話，也會因為產生向上浮力（升力），讓飛碟飛得更遠。

想讓寶特瓶飛碟在空中維持穩定，重心就要稍微往前，這就是纏繞膠帶的主要原因。膠帶的圈數也會影響到飛行方式。大家不妨盡情發揮創意試試看喔！

這可是一款做法簡單卻蘊含許多科學常識的玩具！

閃閃發亮的泡泡魔術

水中的魔法泡泡

在空中飄啊飄啊的泡泡，
如果到了水中會變得如何呢？
準備好，就快點來實驗吧！

水裡有好多
泡泡耶！

好漂亮！

這是跟普通泡泡不
一樣的水中魔法泡
泡喔！

1 製作基礎泡泡水

● **準備材料** 透明塑膠免洗杯（容量約250ml）、吸管、水、廚房清潔劑、剪刀

1. 杯子裡裝約八分滿的水。
2. 加入約10滴清潔劑（濃縮型只需3滴）。攪拌時要又輕又慢，水面才不會起泡。
3. 把吸管剪成約10cm的長度。

2 製作水中魔法泡泡

1. 將吸管前端約3cm放進泡泡水，再用手指將另一端壓住。
2. 將吸管上拉約離水面5mm後，把壓住吸管的手指放開。
3. 當吸管裡的泡泡水掉進水中，就會變成魔法泡泡了。

水中魔法泡泡的真面目

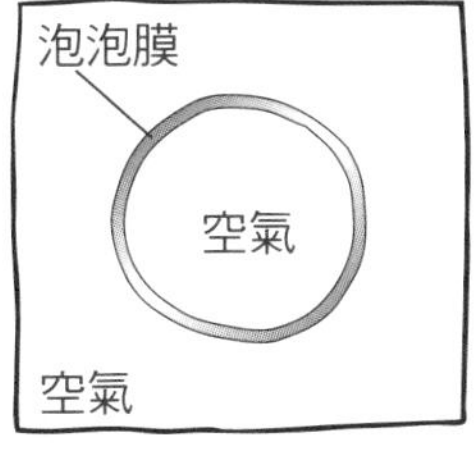

★空氣中的泡泡

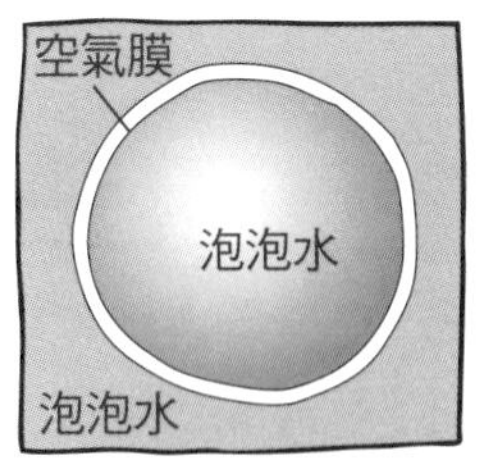

★水中的泡泡

一般的泡泡是因為泡泡膜把空氣包起來所形成的。但水中泡泡恰好相反，是空氣膜將泡泡水包起來。

在泡泡水從吸管滴落燒杯的過程中，會被一層薄薄的空氣包起來，形成了空氣膜，再落入水中。

其實，這跟「超級泡泡」實驗（P.4～7）提到的「表面張力」有關。水會因表面張力互相抗衡，當水滴落入水中，形體就會遭到破壞。不過，加了清潔劑之後，水的表面張力就會變小，空氣膜也比較不容易遭到破壞，因而形成水中魔法泡泡。

3 用水中泡泡來做實驗

【彩色泡泡】

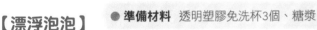

● **準備材料** 透明塑膠免洗杯2個、水彩顏料

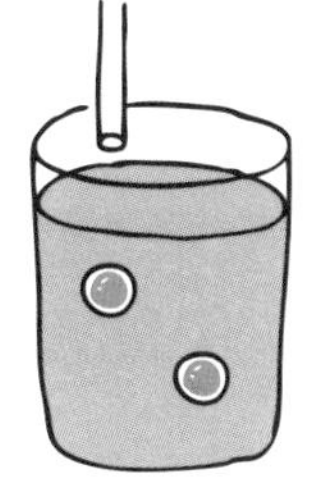

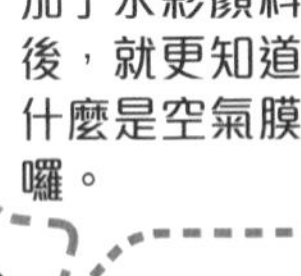

加了水彩顏料後，就更知道什麼是空氣膜囉。

1. 在2個杯子中製作基礎泡泡水。並將其中一個杯子加入水彩顏料。
2. 依照實驗 **2** 的步驟1與步驟2，將滴入水彩顏料的泡泡水滴到另一個杯子，就會出現彩色泡泡了。

【漂浮泡泡】

● **準備材料** 透明塑膠免洗杯3個、糖漿

1. 在2個杯子中製作基礎泡泡水。並將其中一個杯子加入糖漿。
2. 將1的三分之一糖漿泡泡水，倒到第3個杯子。
3. 慢慢將1的基礎泡泡水倒入2的糖漿泡泡水杯子到八分滿（沿著杯緣會比較好倒喔）。
4. 用吸管把2剩下的糖漿泡泡水吸起來後，滴到3的杯子裡，就會看到停留在半空中的泡泡囉。

漂浮泡泡的原理

加了糖漿的泡泡水，會比原來的泡泡水還重。慢慢將基礎泡泡水倒入糖漿泡泡水裡，會因為重量不同而分成上下兩層。糖漿泡泡水所製成的水中泡泡，重量又會比上層的泡泡水還重，所以會往杯底沉。但因為跟最下層的糖漿泡泡水重量相同，而出現漂浮在「半空中」的景象。

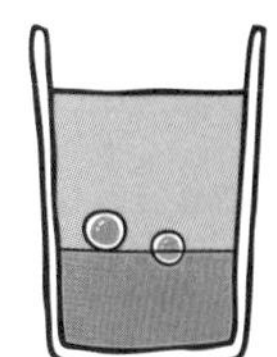

隨時都能看到彩虹

在房間裡也能製造彩虹

看到下雨過後才會出現的彩虹，
是不是覺得自己很幸運呢？
其實，學會做傳治郎老師的實驗，
不用等到下雨天，隨時都能看到彩虹喔！

好漂亮的彩虹喔！
如果隨時都能看到就好了。
那就自己動手做實驗吧！

1 用手電筒做彩虹

● **準備材料** 手電筒、寶特瓶（500～600ml飲料用的圓筒瓶）、水、鋁箔紙、透明膠帶、美工刀

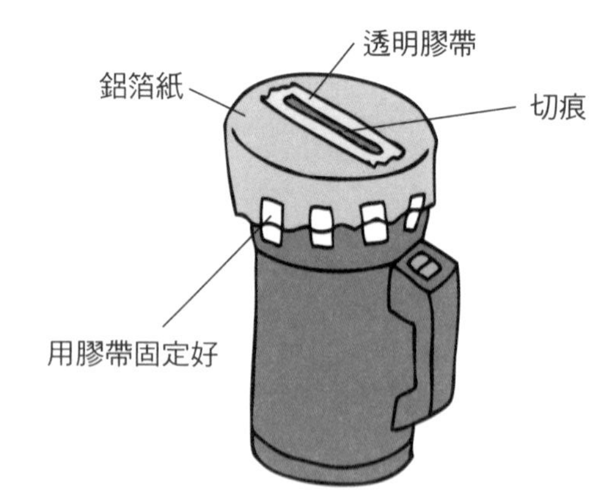

1. 剪下一張面積大於手電筒發光面的鋁箔紙，並蓋在上方，再用膠帶固定。
2. 將透明膠帶貼在鋁箔紙正中央，再用美工刀割出5cm長的切痕。切痕的寬度要視情況，邊割邊調整，避免太寬讓四周光線過亮，或太窄導致照出的光線太弱（太暗）。
3. 將寶特瓶裡裝滿水，並蓋緊直立。

手電筒要盡量選用光線強一點的。

4 將寶特瓶放在白色牆壁前方，並把房間的電燈關掉，最好把窗簾拉上，房間愈暗愈好。

5 用手電筒照射寶特瓶的瓶身，光線碰到寶特瓶後就會產生折射，並在牆上映照出彩虹。

燈光要從寶特瓶的側面照，彩虹才會映在牆上喔！

★如果房間沒有白色牆壁，在寶特瓶後方放張白紙也可以。

2 尋找其他能製作彩虹的物品

隨著物品不同，彩虹出現的位置也不一樣。所以，每種東西都可以從四面八方照照看。

除了寶特瓶，還有可以製作彩虹的物品嗎？
都拿來用手電筒照照看，搞不好會發現更多彩虹唷。

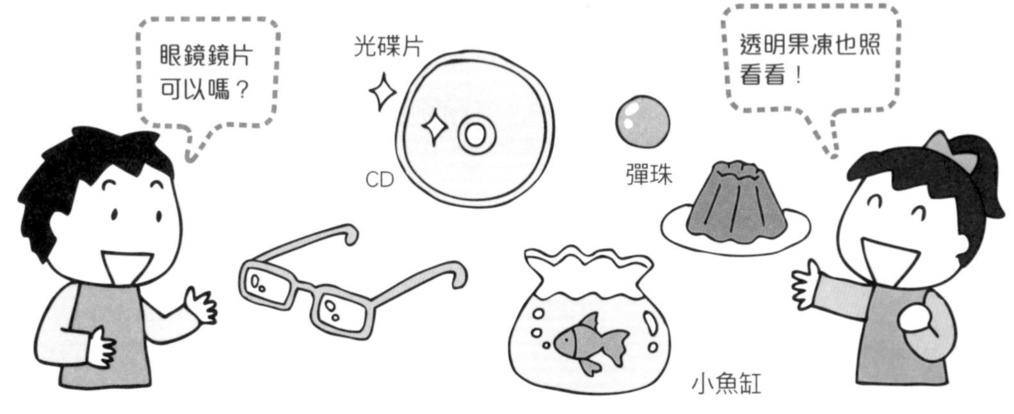

解說 為什麼可以照出彩虹呢？

雖然光無法用眼睛直接看到，但是光其實是由許多顏色混合而成的喔。

出現在雨後天空的彩虹，是因為陽光照射到空氣中的水滴。光遇到水滴時就會產生折射，又因為每種顏色的光線，折射角度和路徑都不同，看起來就像是用很多顏色搭起的橋。

用手電筒製作的彩虹，原理也相同，當光線照射到寶特瓶而產生折射，就會形成房間裡的彩虹了。

我們常說彩虹是由紅橙黃綠藍靛紫等七種顏色組成，但實際上只是由紅色慢慢變成紫色的過程。

顛倒世界真的存在？

針孔攝影機的奧祕

透過針孔攝影機的小孔，
看到的東西通通會變成上下顛倒喔。
一起來體驗這神奇的顛倒世界吧！

要親眼看過才知道其中的奧祕喔！
怎麼會看到顛倒世界？

咦？那我倒立看的話，就會顛倒再顛倒嗎？

1 製作針孔攝影機

準備材料 紙杯6個、雙面全黑的紙（如雲彩紙、粉彩紙）、鋁箔紙、剪刀、透明膠帶、漿糊（或白膠）、複寫紙、針、黑色麥克筆、美工刀

1 先將1個紙杯縱向剪開，並剪去杯底後攤開。在黑紙上描出攤開紙杯（參考圖Ⅰ）的圖形，同時要預留黏貼空間，描好後剪下。總共要做9張。

2 先將其中1個紙杯的底部用麥克筆全部塗黑。
接著，在杯底正中央（將杯底描在紙上剪下，對折再對折就可以找到中心點）用美工刀割出長寬各約1cm的正方形洞口後，再蓋上稍微大於洞口的鋁箔紙，並用漿糊黏緊。黏好之後，在鋁箔紙上用細針刺出一個小洞。
最後，在紙杯的外圍包上黑紙，並用膠帶固定。

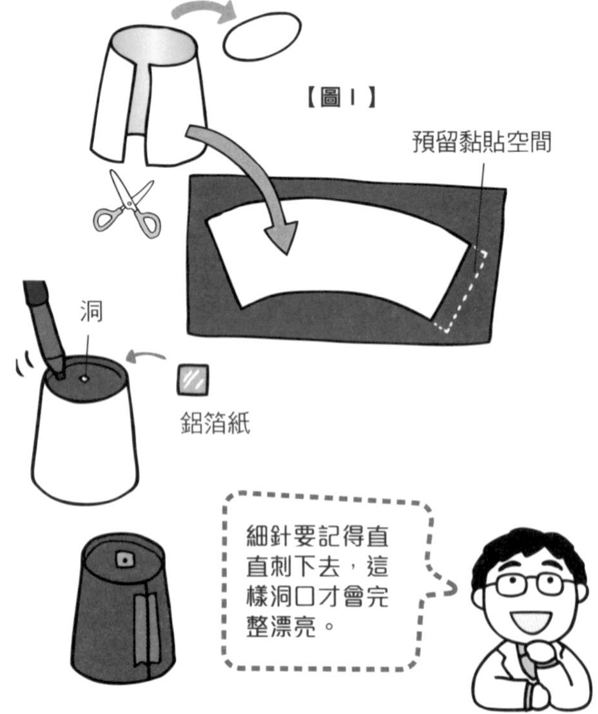

3 將3個紙杯底部用美工刀割下後，內側和外側都貼上裁切好的黑紙。

4 將剩下的1個紙杯底部割下後，在複寫紙上描出杯底形狀，記得預留黏貼空間，並沿外緣剪幾道切痕，再用漿糊黏回杯底（參考圖 II）。

5 將步驟**2**、**3**、**4**做好的杯子，按順序一個一個疊好（**2**在最外面）。

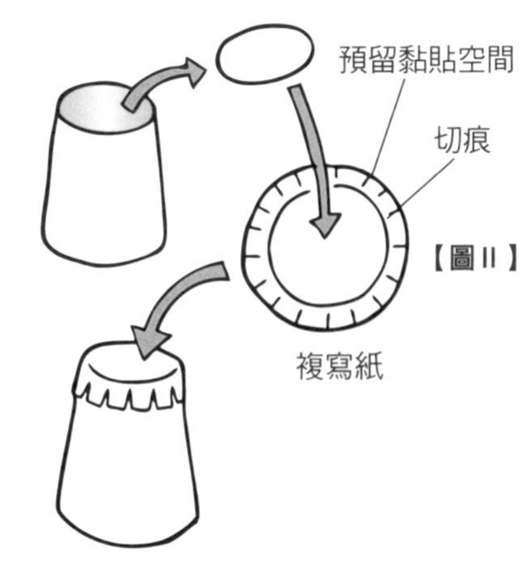

2 用針孔攝影機來看東西

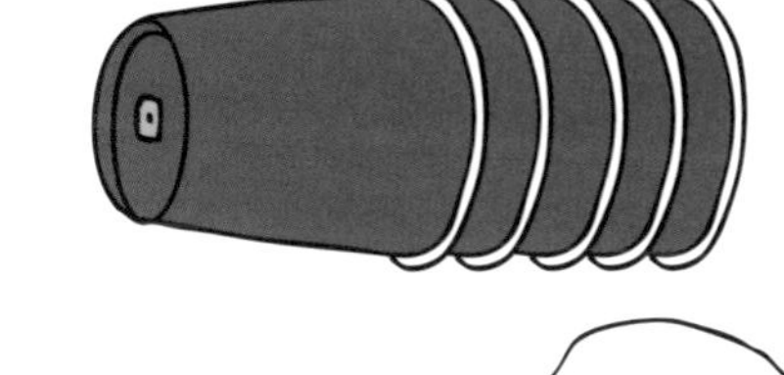

到戶外找個比較亮的地方，將杯底朝向要看的東西，從杯口看過去。影像就會倒映在複寫紙上。
看的時候，要將相疊在一起的紙杯前後移動，調整到讓模糊影像變得清晰為止。

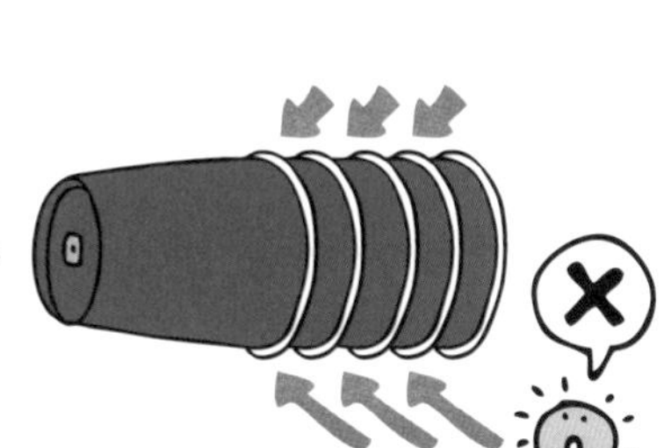

別讓光線跑進杯子與杯子重疊的地方！

看近物時，可以把中間沒有底的杯子拿掉喔。

解說

為什麼影像會上下顛倒呢？

我們眼睛之所以能看到東西，是因為從物體反射回來的光線進入我們的眼睛。就針孔攝影機來說，只有穿過攝影機小孔的光線，才會映在螢幕上而形成影像。

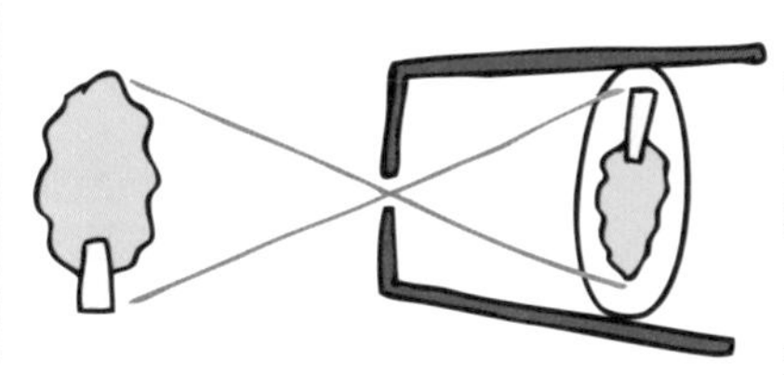

光具有直線前進的特性。因此，穿過杯底小孔的光線會在上下交叉後進入紙杯（如右圖所示），讓上面來的光跑到杯子下面，下面來的光跑到上面，映在螢幕上的影像，自然就上下顛倒呈現了。

其實，穿過我們眼睛的光，也是像這樣以上下顛倒方式映在眼睛深處的螢幕上（即視網膜）。不一樣的是，我們的大腦會將收到的影像，調整回正確的方向。

隨處可見的手工鏡片

用水做的放大鏡

湊近觀察下雨過後，停留在小草面上的水滴，
有沒有發現水滴上的遠方景色，居然變成上下顛倒的呢？
這是因為水滴變成鏡片了。我們也一起來做水鏡片吧！

大自然景色映在雨滴上耶！

好漂亮喔

這是因為水變成鏡片啦！

1 製作寶特瓶鏡片

● **準備材料** 寶特瓶（600ml和1000ml的飲料用的圓筒瓶各1個）、水

1. 將2個大小不同的寶特瓶裝水到滿出來，再蓋上蓋子。
2. 試試看用裝水寶特瓶看報紙，字是不是變大了呢？寶特瓶的大小不一樣，放大的程度有沒有差別呢？
3. 如果用來眺望遠方的風景，和看報紙有什麼不一樣的地方嗎？

哇，風景變成上下顛倒了耶！

其實，在寶特瓶裡預留一點點空氣也蠻有趣的。

⚠ 裝滿水的寶特瓶放在陽光下，會因鏡面效果而將光線聚集起來。旁邊若有易燃物，很容易燒起來。千萬要小心！

2 金屬墊片環鏡片

● **準備材料** 金屬墊片環（中央洞孔要小的）、滴管（沒有的話，可以用吸管）、面紙

1 用滴管滴一滴水到金屬墊片環的中央圓孔，並透過圓孔的水看字。因為水變成凸透鏡，字看起來變很大。

2 用面紙稍微吸一些**1**洞孔裡的水（不要全吸乾），水就會變成凹透鏡。看到的字，跟**1**有什麼不一樣呢？

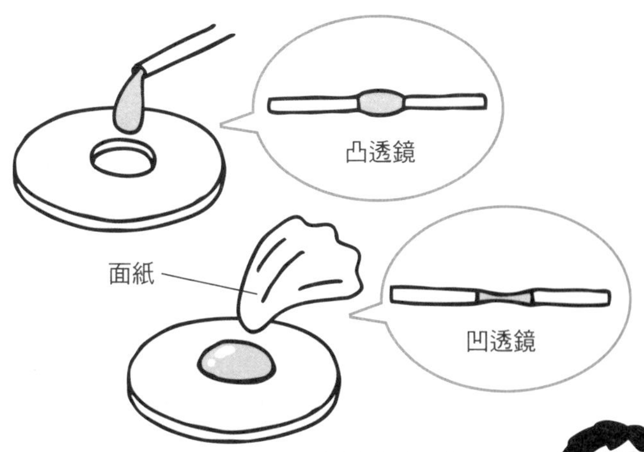

不只看字，也可以看別的東西喔！

尋找其他可以倒水進去，變成鏡片的物品

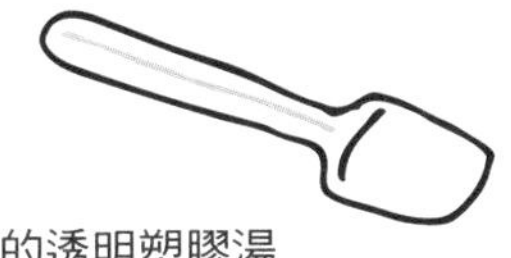

在吃布丁的透明塑膠湯匙上放一點點的水。

把杯子甜點的半圓形蓋子拿下來，並把水加進去裡面。

原來只要能把水變圓的物品都可以啊！

一定要是透明的湯匙喔！

透明的扭蛋殼，把水裝到全滿也可以。

解說 為什麼水可以讓東西看起來變大？

圓筒寶特瓶橫放，讓瓶身斷面是圓的。一但加了水之後，就會變成中間厚、側邊薄的鏡片了。神奇的是，容量小寶特瓶看到的影像，還會比大容量看到的還大。由此可知，鏡片大小跟看到物品的大小無關，而是跟曲面大小有關。小寶特瓶曲面小，提高了放大倍率。

滴在金屬墊片環裡或葉子上的水滴，都會變成圓形鏡片。這是因為水有能變圓的特性。加上水滴體積很小，曲面自然較大，東西看起來就大上許多。

■寶特瓶斷面

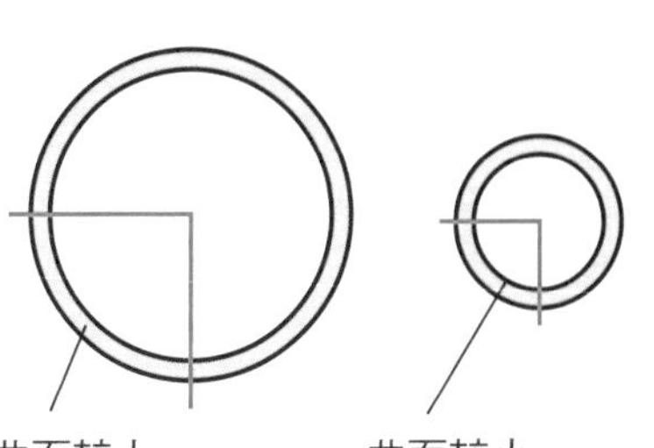

免燃料的環保料理

用太陽光的威力煮菜

太陽爐是不必利用電或瓦斯，
單靠太陽的熱，就能煮菜的器具。
大家相信太陽也能煮菜嗎？
用太陽煎的荷包蛋，會是什麼味道呢？

陽光好刺眼啊！
好熱！
太陽爐的做法超簡單，疊起來就好囉！

學校教過的事

被從鏡子反射的陽光晒到會感覺到熱嗎？

實驗

1. 用鏡子將陽光反射到太陽照不到的地面。
2. 測量有被陽光照到跟沒被照到的地方的溫度。
3. 有被陽光照到的地方真的比較熱。

結論

● 太陽光具有加熱的功能。

由此可知，鏡子愈多，聚集（反射）的陽光愈多，溫度就會愈高。接下來，傳治郎老師做的太陽爐，運用了許多可以聚集太陽光的方法，所以太陽的威力就大到能把蛋煎熟囉。

1 製作太陽爐

● **準備材料**

不鏽鋼調理盆（愈大愈好）、大塑膠碗（比不鏽鋼調理盆小一點）、黑色金屬蛋糕模（大小要剛好能放進不鏽鋼調理盆裡）、玻璃鍋蓋（平底鍋的鍋蓋也可以）、棒狀溫度計

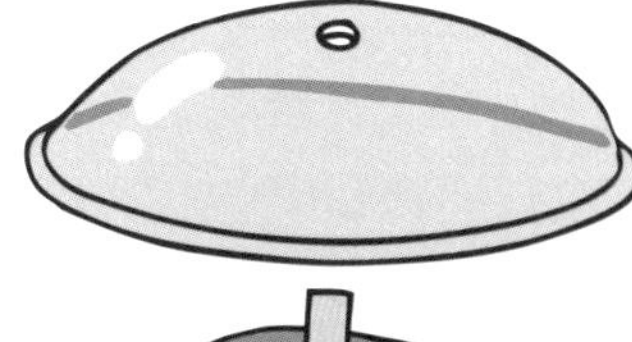

要選用把手能拆掉的鍋蓋喔。

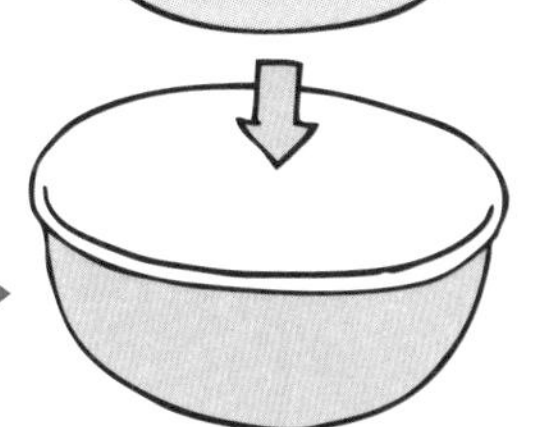

1. 把玻璃鍋蓋的把手轉開、拿掉（留一個洞）。
2. 如右圖的順序，將所有的道具堆疊起來。

2 準備煎蛋囉！

記得選出大太陽的好天氣喔！

● **準備材料** 太陽爐、雞蛋、沙拉油

1. 把金屬蛋糕模塗上沙拉油，再打顆蛋進去。
2. 將金屬蛋糕模放回不鏽鋼調理盆，蓋上鍋蓋，並放在陽光照射充足的地方。
3. 調整不鏽鋼調理盆的角度，讓陽光確實照射到金屬蛋糕模上。
4. 利用拿掉把手後的玻璃鍋蓋孔縫，插入棒狀溫度計，定時測量鍋內的溫度（如每10分鐘測量一次），並將溫度與蛋的熟度記錄下來。
5. 當金屬蛋糕模碗裡溫度漸漸上升，煎荷包蛋就即將要完成囉。

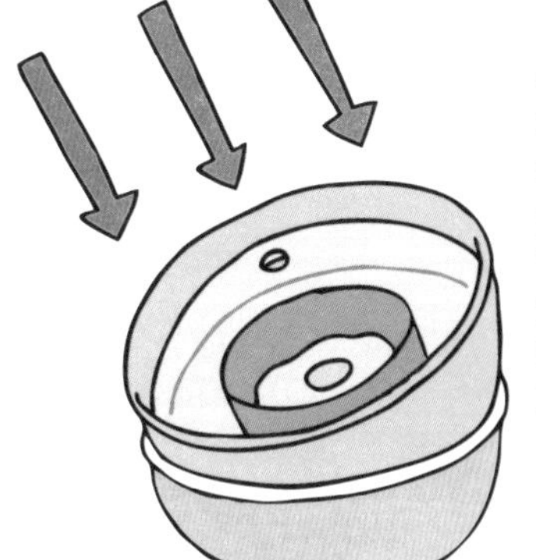

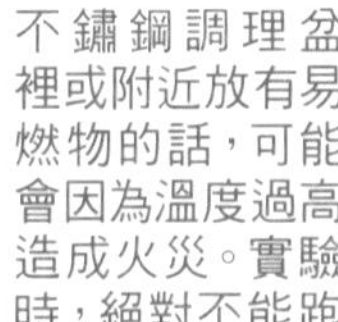

不鏽鋼調理盆裡或附近放有易燃物的話，可能會因為溫度過高造成火災。實驗時，絕對不能跑太遠喔！

太陽爐的原理

很多人都應該做過「放大鏡聚集陽光，讓黑紙燒起來」的實驗吧。太陽光擁有了超乎我們想像的巨大能量，而太陽爐則蘊藏了「如何將太陽能更有效率地傳導到食物上」的神奇原理。

■不鏽鋼調理盆

具凹面鏡的功能，將陽光聚集到蛋糕模型裡。

■黑色金屬蛋糕模

黑色易吸收光線，金屬材質容易導熱。

■透明鍋蓋

讓陽光順利穿過之餘，也讓聚集於此的熱能不容易外散。

■大塑膠碗

具有隔熱效果，防止熱能從不鏽鋼調理盆的底部散失。

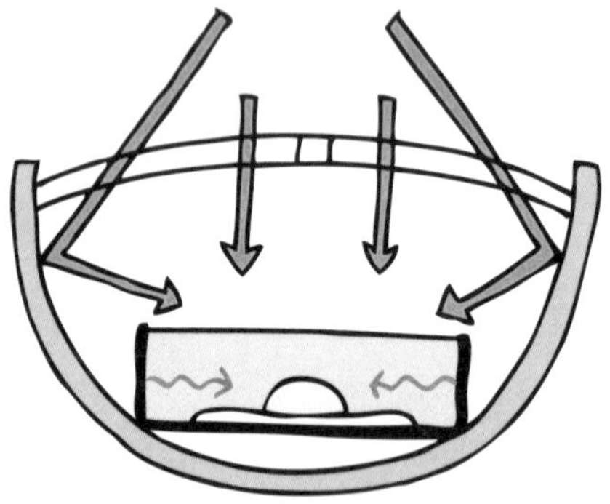

太陽光能藉由不鏽鋼調理盆聚集到黑色金屬蛋糕模裡，這些聚集的光會轉為熱能，再傳導到雞蛋上。

⚠ 想要把蛋煮熟，需要很長的一段時間。實驗時，不只要注意衛生，也要記得防晒，防止中暑喔！

煮蛋的訣竅是在於「能聚集多少太陽光」嗎？

用鏡面將陽光反射、聚集起來，被照到的地方溫度就會漸漸上升。太陽爐煮蛋也是這個原理喔！

為什麼夏天會那麼熱？

▲根據影子位置與長度來指示季節或時間的日晷

把手放在太陽照得到與照不到的地方，一定會發現被太陽照到的地方，溫度明顯比沒照到的地方高。只要照到太陽，地面溫度就會上升。一旦地面的溫度上升，空氣的溫度也會跟著上升。

跟冬天相比，夏天太陽升起的時間較早，下山的時間也比較晚。白天的時間變多了，也就等於陽光照射地面的時間變久了。夏季受太陽長時間照射的影響，氣候就跟著熱起來。

除了日照時間長之外，夏天之所以比冬天炎熱，跟太陽照射角度具有密切關係。盛夏時，太陽照射角度大，從正上方往下照，地面吸熱更快也更多。冬天的太陽則是斜射，所以即使太陽很大，溫度也不太會升高太多。春天跟秋天的太陽照射角度，剛好處於夏天和冬天的中間，照起來會覺得很暖和、很舒服。

至於，為什麼夏天與冬天的白天長度和太陽照射角度會不一樣呢？

這是因為地球不只會自己轉轉轉（自轉），還會花一年的時間繞著太陽轉一圈（公轉）。但地球自轉軸有點傾斜，在繞著太陽轉時，白天就會有時長有時短， 照到太陽光的角度，也會有所改變。

地球能有春夏秋冬四季變化，也要多虧這傾斜的自轉軸。

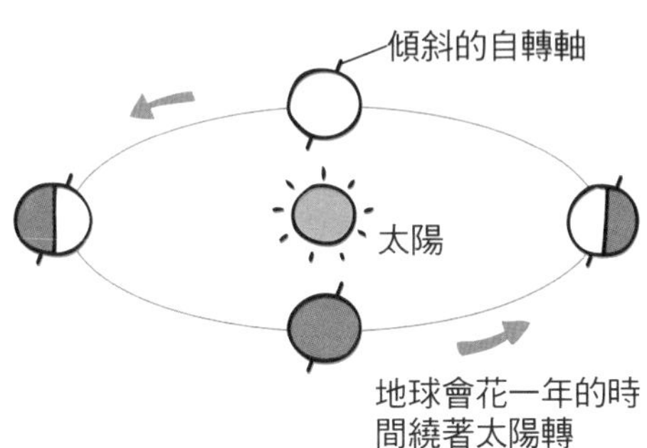

空氣彈要準備發射了！

紙箱做的空氣砲

空氣雖然用我們的眼睛看不到，
但是空氣卻擁有非常強大的力量。
就用紙箱來製作空氣砲，
感受空氣的強大威力吧！

1 製作空氣砲

● **準備材料** 紙箱、封箱膠帶、美工刀

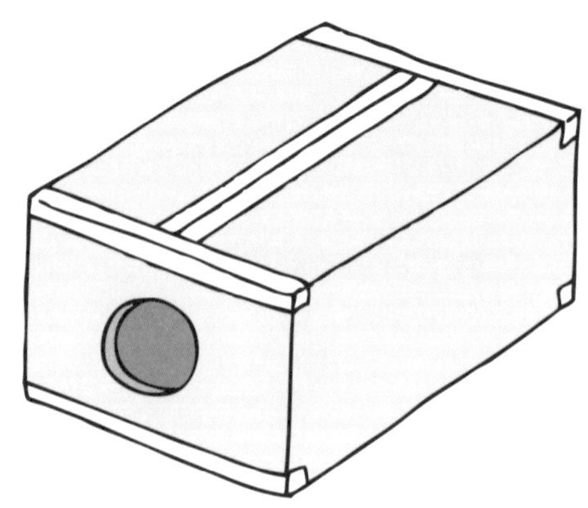

1. 將紙箱封起來，每個接縫處都要用膠帶黏貼三層。
2. 在紙箱側面挖一個直徑約10cm的洞。可以用紙杯、鐵罐等物品描個圓圈後，再用美工刀割下來。
3. 在不破壞紙箱箱體的情況下，把手由洞口伸入，再將膠帶貼在內部幾個接縫處。

紙箱大小不限，改變一下洞口的大小也沒問題。

製作訣竅在於除了挖好的洞外，其他地方都要封好，不要讓空氣跑出來。

2 發射紙箱空氣砲

將洞口朝向目標，用一隻手抱住紙箱，
另一隻手則要用力拍打紙箱的另一側。
也可以將紙箱放在桌上，用雙手同時拍打兩側。

★拍打紙箱的時候，記得要一鼓作氣。

3 設定目標來挑戰

【紙靶】

用空氣砲擊倒放在遠方的紙靶，也能跟朋友比賽。
紙靶製作很簡單，把有點硬度的紙對折，立在地面上就可以了。

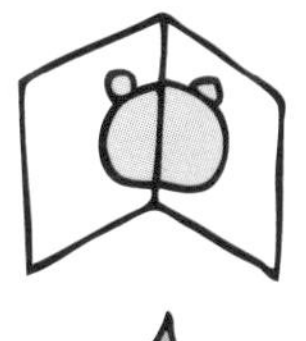

【吹熄蠟燭】

將點火的蠟燭放在遠方，再用空氣砲把蠟燭吹熄。

⚠ 用到火的時候，一定要請大人幫忙。

解說 空氣砲威力強大的祕密

拍打紙箱的瞬間，紙箱內的空氣會通通藉由唯一的洞孔往外跑。

這些空氣跑出來的時候，會呈現漩渦狀。這個漩渦是一邊由內向外旋轉，一邊將空氣捲進所形成。所以，可以讓空氣一口氣跑得很遠。

4 來見識一下空氣漩渦吧！

● **準備材料** 線香10隻左右、打火機、黏土（用來插香）

1. 將10隻線香整理好，全插在黏土上後再點火。
2. 用紙箱空氣砲把香蓋起來，讓煙留在紙箱裡。
3. 等個1～2分鐘，煙充滿箱子，就可以發射空彈。這樣就能看到甜甜圈形狀的煙圈跑出來喔！

⚠ 香要稍微減短，並小心別讓香的火光燒到紙箱。

這樣就能清楚看到空氣彈的形狀了。
蓋

用超能力來移動硬幣

讓硬幣跳舞的神奇魔術

發現了嗎？
玻璃瓶上的硬幣在跳舞呢！
其實，只要掌握妙招，
人人都可以變魔術給朋友看。

因為我發揮了
超能力啊！

哇嗚！硬幣居然
會自己動耶。

傳治郎老師居然
有超能力啊？！

學校教過的事

空氣的體積會隨著溫度而改變嗎？

實驗

1. 將圓底燒瓶的瓶口塞上軟木塞。
2. 接著把 1 燒瓶放入熱水中。
3. 瓶中空氣變熱之後，軟木塞就飛出去了！

結論

● 空氣受熱之後，會使體積變大。

雖然眼睛無法直接看到空氣，但只要拿軟木塞把燒瓶的瓶口塞住，空氣就會被關在燒瓶裡。為什麼加熱後軟木塞就會飛走呢？這是因為燒瓶裡的空氣體積增加，產生把瓶塞往外推的力量。傳治郎老師的實驗，則是將瓶子拿去冰箱冰過後，用手的溫度來增加瓶內空氣的體積。

1 會跳舞的1元硬幣

● **準備材料** 玻璃空瓶（裝啤酒、果汁、醋等，盡量挑瓶口小一點的）、1元硬幣

1. 將瓶子洗乾淨，內外都擦乾後，放進冰箱裡冷藏一陣子。
2. 將冰過的瓶子取出，並將沾溼的硬幣放在瓶口上。
3. 用雙手握住瓶身（加熱作用），一段時間後，1元硬幣就會在瓶口上跳啊跳的。要是硬幣跳不動的話，就把瓶子再放回冰箱冷藏久一點。

2 會吹泡泡的玻璃瓶

● **準備材料** 玻璃空瓶、一般泡泡水

再來介紹一個用空瓶就能玩的遊戲吧！

1. 將空瓶放進冰箱冷藏一陣子。
2. 從冰箱取出空瓶，將瓶口朝下沾些許泡泡水再擺正，讓瓶口形成一層薄膜。
3. 雙手握住空瓶加熱，瓶口就會開始吹泡泡囉。

試試把瓶子橫擺或倒著放，都能成功吹泡泡嗎？

膨脹的空氣

讓硬幣跳舞或瓶口吹出泡泡，都是因為空氣受熱之後，導致體積增加，而從瓶子裡跑出來。

有時候，把游泳圈、海灘球放在太陽下曝晒一段時間，會膨脹變大。這也是因為太陽的熱度，造成裡面空氣溫度上升、體積增加所造成的。

熱空氣的威力

利用熱能轉動的風車

在杯子裡的風車，轉啊轉啊轉不停。
風車不是要有風才會轉嗎？杯子裡的風車靠的是什麼力量呢？
偷偷告訴大家，這可是地球規模的驚人力量喔！

自己動手做做看才有趣！

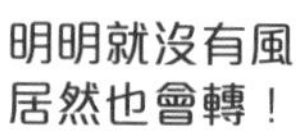

為什麼啊？

學校教過的事

空氣是如何流動的呢？

實驗

1. 燒杯杯口套上鋁箔紙，讓線香的煙充滿杯中。
2. 燒杯底部用酒精燈加熱。
3. 會觀察到煙往上移動。

結論

● 熱空氣會往上升。

雖然眼睛看不到空氣，但可以透過線香的白煙知道，熱空氣會往上移動。在房間裡開暖氣，熱空氣就會往上升到天花板，取代原有的冷空氣，讓整個房間變得暖呼呼的。傳治郎老師的實驗，就是利用熱水加熱的空氣，來讓風車轉動喔。

1 製作以熱能轉動的風車

● **準備材料**

透明塑膠免洗杯1個、紙杯1個、影印紙、針、黏土（或橡皮擦）、熱水、美工刀、圓規、剪刀、原子筆、厚紙片

1. 用美工刀將塑膠免洗杯的底部割下來，並在靠近杯子口的側邊剪開兩個小窗戶（參考圖Ⅰ）。
2. 用圓規在影印紙上畫好一個直徑4cm的圓，再剪下來，中間用原子筆戳一個凹槽，剪出四道切痕，並依虛線折出風車扇葉（參考圖Ⅱ）。
3. 將紙杯剪成約3cm高的小杯子，並剪一張寬1cm且比2的風車扇葉直徑稍長的厚紙片。
4. 將針尖端朝上後，固定在黏土上或直接插在橡皮擦上。
5. 將熱水倒入紙杯，將3的厚紙片架在紙杯杯緣，中間擺上4。
6. 將風車放在針尖上，再蓋上割掉底部的塑膠免洗杯，風車就會開始轉動囉。

⚠ 小心，不要被針刺到手。

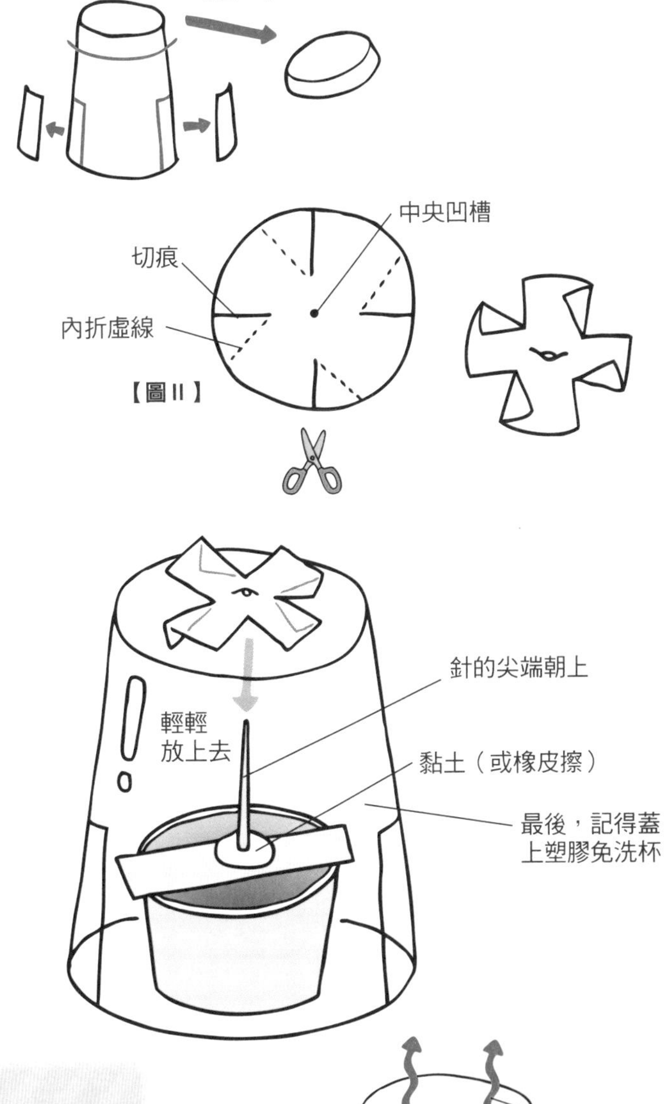

●當風車無法順利放到針上時……

■將扇葉稍微往下折，降低重心。

■稍微剪掉部分扇葉，讓扇葉間取得平衡。

被熱水加熱的空氣往上升時，風車的扇葉就會開始轉動了。熱水冷卻後，風車就會停下來。

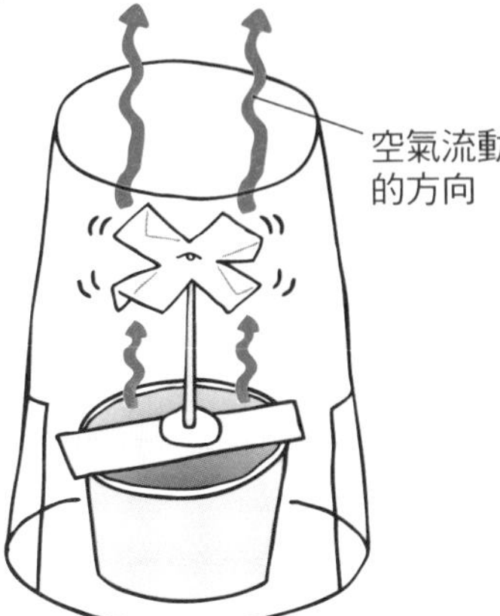

冰塊、鹽巴、果汁就能做……

炎炎夏日最受歡迎的冰沙

就算沒有冰箱，也能用冰塊和鹽巴做出冰沙？
方法簡單，冰沙又好吃，大家一定要試試看喔！

你是不是偷吃了我買的冰淇淋！

我才沒有咧！

不要吵架了，我們來做冰沙吧！

驚

1 製作超簡單冰沙

● **準備材料** 冰塊約1kg、鹽巴（約免洗紙杯1.5杯）、果汁（或乳酸菌飲料）、大碗公1個、小的透明塑膠袋

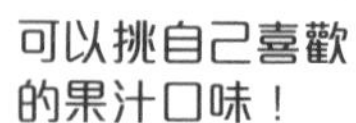

1. 將果汁倒入透明塑膠袋（約1/3袋）後，封緊袋口。
2. 將冰塊和鹽巴放入大碗公裡攪拌。
3. 將1的塑膠袋埋進2的冰塊碗公裡。
4. 碗公裡的冰塊會開始融化，這時記得要偶爾搖動塑膠袋，攪拌一下袋裡的果汁。
5. 稍待一段時間，好喝的水果冰沙就完成囉！

解說 為什麼用冰塊和鹽就能做冰沙？

冰塊融化的當下，周遭溫度也會跟著下降。不過，冰塊融化時溫度大約零度左右，就正常情況來說，這時候的冰塊是無法讓果汁結凍的。

但在倒入鹽巴攪拌之後，結果就會變得不一樣了。鹽巴能夠有效加快冰塊融化的速度，在冰塊快速融化的過程中，周遭的溫度就會愈降愈低，達到零度以下，甚至是零下20度。這樣一來，果汁就會結成冰沙啦。

我們同心協力，
就能讓溫度愈降愈低！
しお

一邊做冰沙，一邊量溫度，就能知道周圍溫度變化了。

2 一邊玩丟球遊戲，一邊做冰淇淋

● **準備材料** 做冰淇淋的原料（牛奶200ml、蛋黃1顆、鮮奶油100ml、砂糖5小匙）、有蓋子的金屬筒罐（如金屬茶葉罐或有蓋的金屬咖啡空罐）、布膠帶、大透明塑膠袋、填充材料（也可用毛巾代替）

1. 將金屬筒罐清潔乾淨後，把冰淇淋材料倒進，再用膠帶黏貼到沒有任何空隙。
2. 把1拿起來搖晃5分鐘，好讓冰淇淋材料充分混合。
3. 把冰塊和鹽巴先倒入大塑膠袋裡，再把2的金屬筒罐一起放進去。
4. 將塑膠袋袋口封緊之後，外圍用填充材料（或毛巾）包好，再用膠帶黏成球狀。
5. 把4拿起來，或丟或滾個15分鐘左右。
6. 把茶葉筒取出搖搖看，搖晃時沒聲音，就表示已經結凍，冰淇淋就完成囉！

看我的！
玩丟球遊戲時，冰淇淋就快做好囉！
結凍關鍵是一邊冷卻一邊攪拌！

冰塊與水誰比較重？

浴室裡的冰山實驗

我們都知道冰塊是由水凍結而成，但變成冰塊後，還會跟水一樣重嗎？
快點到浴室確認看看吧！

這是一個可以
在浴室玩水的
實驗喔！
好舒服啊！
咦？怎麼會
有企鵝呀？

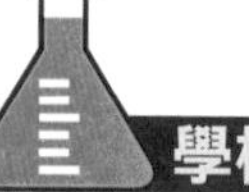

學校教過的事

水的體積會隨著溫度改變嗎？

實驗

1. 將水倒入試管中，並在水面的位置做記號。
2. 將試管放入裝有冰塊和鹽巴的燒杯裡進行冷卻。
3. 試管裡的水結凍後，水面也跟著上升了。

結論

● 水結凍之後，體積確實會變大。

水是液體，當溫度降到一定程度，就會結凍。水在變成固態的冰後，體積就會變大，這與一般物質從液態變固態時體積變小的特性不一樣，由此可知，水是非常特別的。傳治郎老師的實驗，就是利用這個特殊性，讓冰浮在浴缸水面上。

1 製作冰山

● **準備材料** 塑膠袋2個、水

1. 將一個塑膠袋裝滿水，另一個裝一點點。裝好後，都將袋口綁緊。
2. 把兩個塑膠袋都放到冰箱冷凍一天，做成一大一小的冰塊。

水量會影響到
結凍所需的時
間喔。

我準備好了。
等不及了，
快來玩吧！

2 到浴室做實驗

將一大一小的冰塊丟進浴缸，並進行觀察。
是不是兩塊冰塊都會浮起來，而且最頂端還會浮出水面呢？

※ 這時要比較的是，水與冰在相同體積下的重量，所以又稱為「比重」。

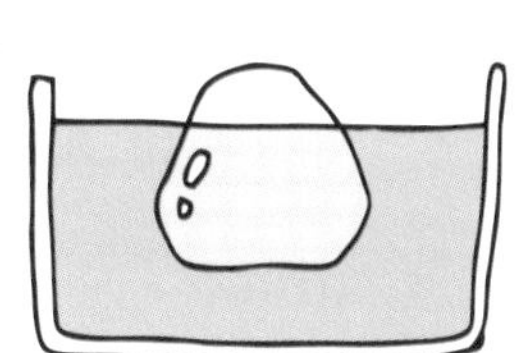

浮起來就表示冰
比水還輕。

3 測量冰與水的重量關係

● **準備材料** 透明塑膠免洗杯2個、填充材料（或毛巾）、橡皮筋、水、電子秤

1. 將其中一個杯子倒入七分滿的水，再用填充材料包住杯子上方與側邊，最後用橡皮筋綁好，放進冰箱冷凍。
2. 將1的杯子從冷凍庫拿出來，並將另一個杯子倒入與冰塊相同高度的水量。
3. 分別測量一下兩杯的重量。

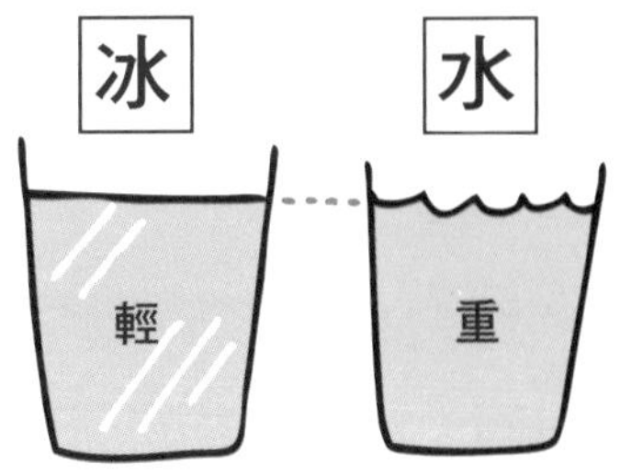
冰
水
輕
重

因為2個杯子分別裝了體積
相同的水與冰塊，這樣一
來，就可以知道冰塊有多
輕了。

了解冰塊體積的變化

手工溫度計

這款手工做的溫度計，
是藉溫度變化使吸管裡的顏色水高度改變，
可以拿來觀測各種不同的溫度喔！

當然呀！雖然無
法測量出正確溫
度，但是個很有
趣的實驗喔。

1 製作手工溫度計

● **準備材料**　有蓋子的小玻璃瓶子（透明的最好）、吸管、水、水彩顏料、防水布膠帶、錐子、強力膠

1. 用錐子在瓶蓋上鑽出一個吸管大小的洞。錐子鑽出來的洞太小的話，可以再用螺絲起子或剪刀把洞口弄大一點。
2. 將吸管穿過瓶蓋。瓶蓋上方的吸管長度較瓶內的長。洞口跟吸管的縫隙，要用強力膠仔細封好。
3. 將顏料與水攪拌製成顏色水，倒入瓶子裡（約瓶口高度），再將蓋子蓋好。瓶蓋接縫要用膠帶封好，才不會讓水流出來。

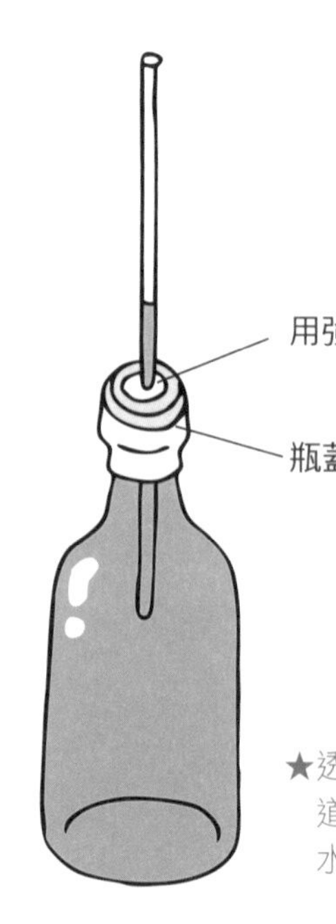

★透過吸管可以知道瓶中顏色水的水面高度變化。

2 用手工溫度計觀測冷熱

● **準備材料** 熱水、水、冰塊、大碗公、紙、透明膠帶

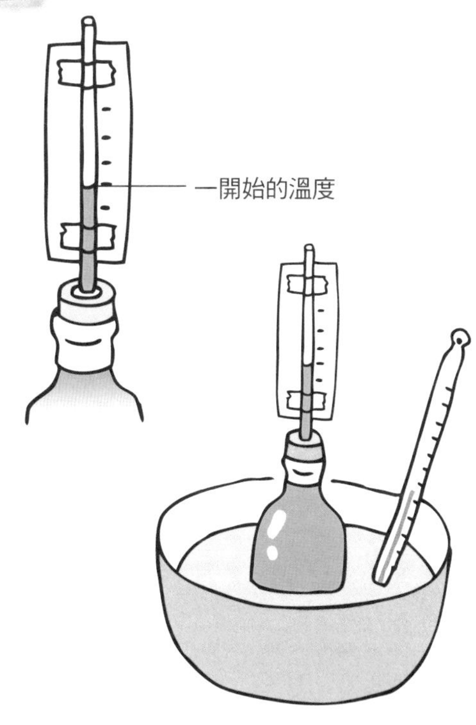

1 在手工溫度計的吸管後方，用膠帶貼上細長的紙片。接著，在吸管上標示目前的水面高度。

2 將手工溫度計放入裝水的大碗公裡，再倒入熱水或冰塊來調節碗裡的水溫，藉此觀測吸管中顏色水的水面高度變化。

溫度變高，顏色水就會上升耶。

那麼，加了冰水後會有什麼變化呢？

用細一點的吸管做實驗，水位變化會更明顯喔。

為什麼吸管裡的水位會變化？

市面上買的棒狀溫度計裡，裝的是酒精之類的溶液。手做溫度計雖然不是裝酒精，但和市售溫度計一樣，都是利用液體的體積會隨溫度變化的特性來測量溫度的。

手工溫度計裡裝的是加了顏料的水，水的體積隨溫度會出現變化。溫度升高，水的體積跟著變大，因而使吸管中的水位上升。溫度下降，水的體積變小，水位也就跟著降低。

在〈讓硬幣跳舞的神奇魔術〉中（P.40～41），我們也知道了空氣的體積會隨著溫度升高而增加。其實，在身邊大部分的物品都會熱漲冷縮，簡單的說，就是體積隨著溫度上升而增加，隨溫度降低而減少。

大家都了解溫度計的構造和水的特性了嗎？

為什麼天空是藍色的？

看著蔚藍的晴空，心情應該也跟著愉快起來了吧！

天空的藍是從哪裡來的呢？是浩瀚的宇宙呢？還是太陽光呢？正確的答案是「空氣的顏色」。

晴朗的天空之所以看起來藍藍的，那是因為空氣是淡藍色的。大家一定很好奇，那環繞在我們四周的空氣，為什麼是透明無色，眼睛看不到的。

來做一個簡單的實驗吧。先把水倒入透明的玻璃杯裡，再加入一點點食用色素，稀釋成淡淡的顏色水。

做好之後，就要進行觀察了。從杯子上方看跟從杯子旁邊看時，顏色有沒有什麼不同呢？從上方往下看的顏色應該比較深吧！

空氣也一樣。因為大量的空氣都混在一起，聚集在天空中，所以即使平常是肉眼看不到的淡藍色，也會變成清楚的藍色了。

接下來，再來說個複雜的原理吧！

回想一下，在〈在房間裡也能製造彩虹〉實驗中（P.28～29），雖然光看起來是透明的，但實際上卻混合了紅色、紫色等各種顏色。除此之外，各種顏色的光，折射的角度都不一樣。

太陽光傳到地球時，紅光會直接穿過空氣，藍光則會與空氣中的氧氣、氮氣碰撞，變得四分五裂。我們仰望天空見到的藍，就是四分五裂的藍光。

假設地球上沒有空氣的話，天空應該是一片漆黑的。

第 2 章 有什麼東西是眼睛看不到的力量呢?!

用各式各樣的力做實驗

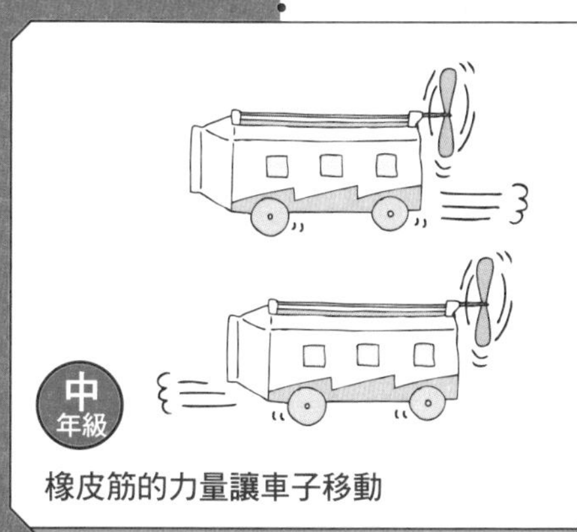

橡皮筋的力量讓車子移動

中年級

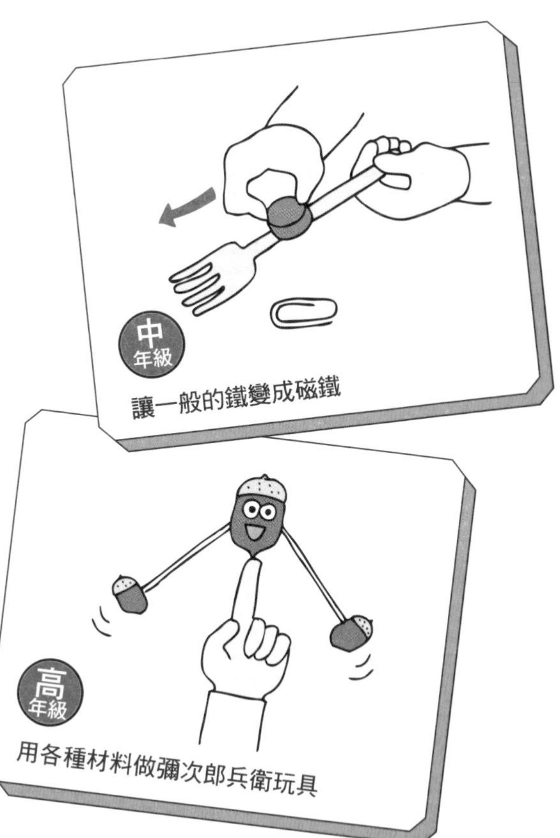

讓一般的鐵變成磁鐵

中年級

用各種材料做彌次郎兵衛玩具

高年級

身邊充滿各種「力量」，如磁鐵、鐘擺、槓桿。這些力量製成各種道具，在生活中扮演非常重要的角色。然而，不一樣的力量也有屬於自己的特殊規則。接下來，傳治郎老師教的實驗將會解開學校自然課學到的各種力量之謎喔！

突然跳起來好嚇人

一條橡皮筋讓青蛙跳不停

利用伸縮自如的橡皮筋，
來製作超級有趣的玩具吧！

彈跳時，會聽到紙張摩擦的聲音喔。
試試看，怎麼做才能發出好聽的聲音？
啪搭！
跳！

1 製作彈力蛙

● **準備材料** 橡皮筋數條、牛奶盒、色紙、剪刀、漿糊、筆

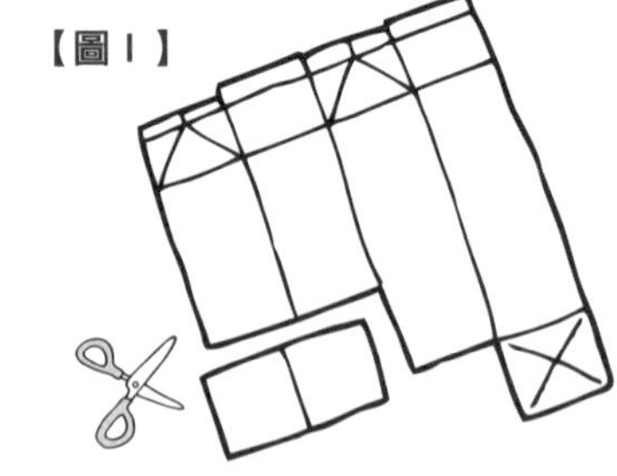

1. 在攤開的牛奶盒上，剪下長方形紙片（參考圖Ⅰ）。
2. 將長方形紙片對折後，剪出四個三角形缺口（參考圖Ⅱ）。
3. 將橡皮筋固定在三角形缺口（參考圖Ⅲ），在紙片的內側，橡皮筋要轉成X形（一條力道太弱的話，可以重疊兩條）。

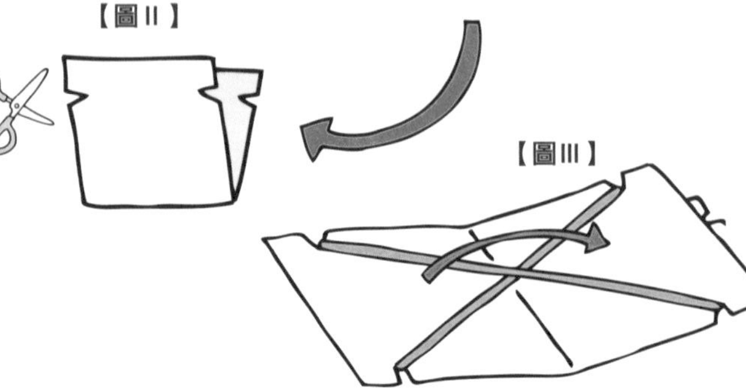

4 畫一隻可愛的青蛙，剪下之後，貼在牛奶盒紙片兩側。

●**嘗試看看以下方式**

■用厚紙板來取代牛奶盒。

■多加幾條橡皮筋。

■怎樣才能讓青蛙發出好聽的聲音？

用油性筆直接畫在牛奶盒上也可以。

【彈力蛙玩法】

1 將貼有青蛙臉的一面往內翻。為了避免橡皮筋反彈，要先用手指壓住。

2 手放開，紙片就會彈起來，還會發出「啪搭」聲，青蛙臉就跟著跑出來囉！

啪搭！

2 製作跳跳蛙

● **準備材料** 橡皮筋、紙杯2個、竹籤（或牙籤）、錐子、透明膠帶、筆

1 用錐子在其中一個紙杯的杯緣兩側鑽兩個洞，洞的高度要一致，還要通過杯子中心（參考圖Ｉ）。

2 橡皮筋穿過兩側洞口後，再用削短的竹籤固定，並貼上透明膠帶（參考圖II）。

3 直接在紙杯上畫青蛙。

【跳跳蛙玩法】

1 將青蛙紙杯蓋在另一個紙杯上，用手壓住紙杯，讓橡皮筋可以卡在紙杯杯底。

2 把手放開，跳跳蛙就會跳起來囉！

螺旋槳咻咻咻

橡皮筋動力車

這是用橡皮筋力量奔馳的車。
其實，人人都可以發揮創意，
打造出專屬自己的獨創小車喔！

這是橡皮筋動力飛機的汽車版。不管是飛機或車子，前進的動力都是橡皮筋製造出來的風喔！

做兩輛就可以來比賽了！

1 製作橡皮筋動力車

● 準備材料

牛奶盒（1000ml）、螺旋槳材料包（15cm的螺旋槳、橡皮筋、軸承、橡皮筋掛勾）、木材（5mm的巴爾沙木）、竹籤、瓦楞紙、吸管、木工用強力膠、封箱膠帶、圓規、油性筆、剪刀、錐子

1. 將牛奶盒開口處用強力膠黏好，就是動力車車體。
2. 將木材裁成紙盒的長度後，裝上螺旋槳組。
3. 將螺旋槳朝牛奶盒底部，並用膠帶固定在車體上方（參考圖Ⅰ）。

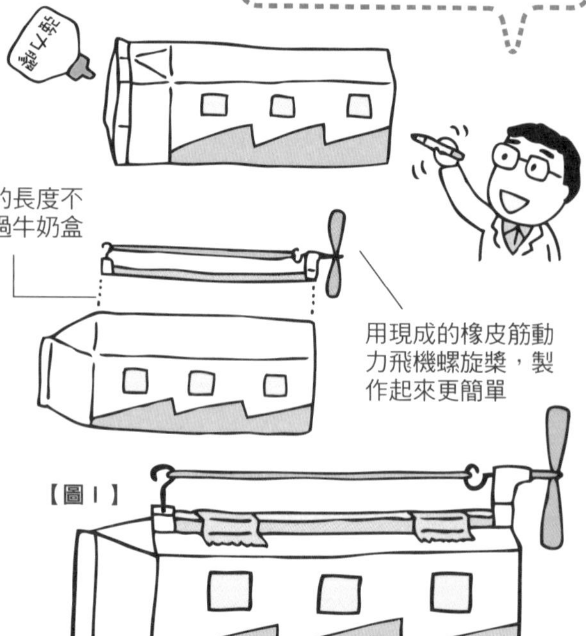

4 從瓦楞紙上剪下4個直徑約4cm的圓，製作車輪。用圓規來畫更容易找到圓心的位置。

5 拿竹籤插入車輪中心點，外側再用強力膠固定。

6 竹籤套上吸管，在另一側也插上車輪，並用強力膠固定。總共要做兩組（參考圖 II ）。

7 將車輪用膠帶黏貼，固定在車底（參考圖 III ）。

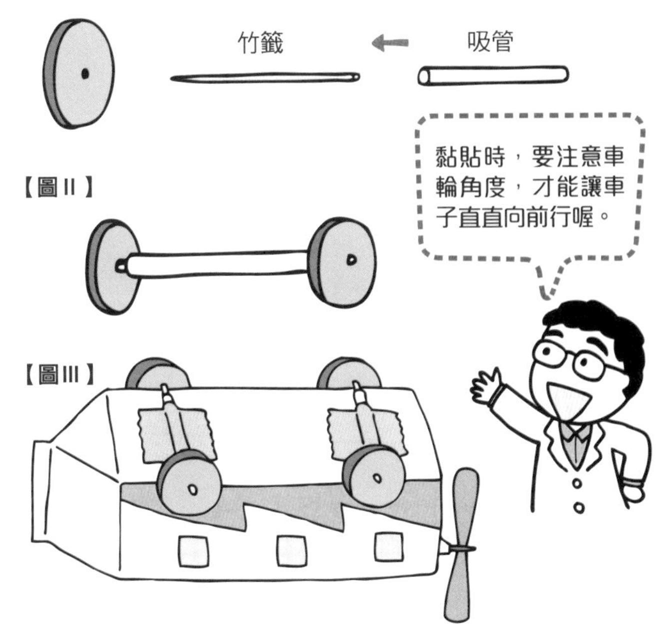

【動力車玩法】

1 旋轉螺旋槳，把橡皮筋扭緊。

轉轉轉
要有耐心多轉幾圈。

2 把車子放在平坦的地面（或桌面）上，手放開，車子就會向前跑。

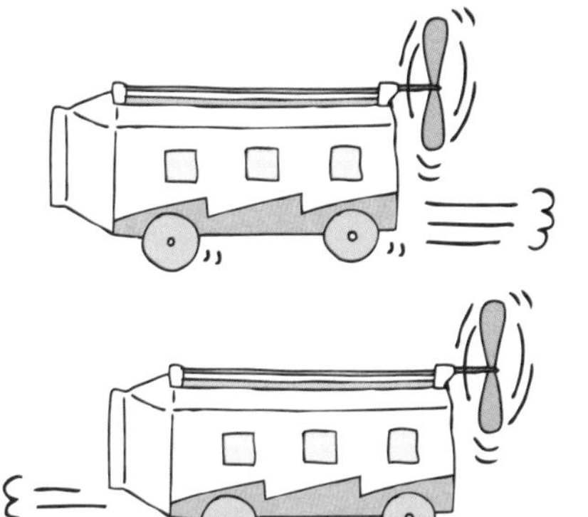

橡皮筋反方向轉的話，車子就會往後跑喔。

學校教過的事

橡皮筋延伸長度會影響到移動物品的力量嗎？

實驗

❶ 改變橡皮筋延伸的長度，來比較車子移動的距離。

結論

● 橡皮筋拉得愈長，橡皮筋的彈力愈大。

學校的實驗都是用手把橡皮筋拉長。傳治郎老師的橡皮筋動力車，是以扭轉的方式將橡皮筋拉長，這樣就能讓車子跑得很遠喔。

探索不可思議的世界

磁鐵實驗

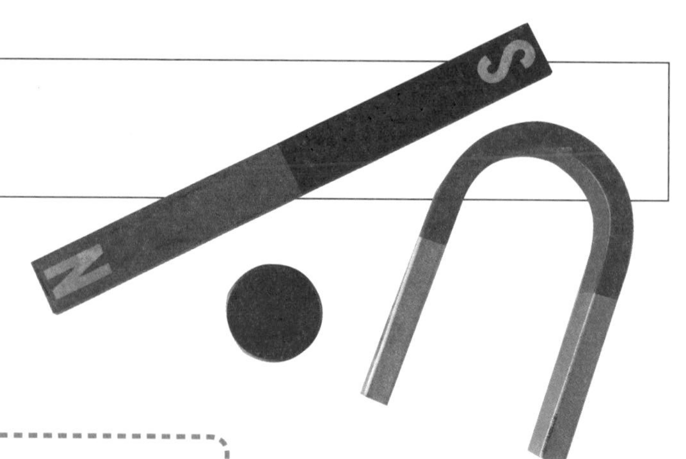

被磁鐵吸引與不被吸引的物品，
兩者之間，到底有什麼差別呢？
趕緊拿各種物品來實驗看看！

冰箱門上的磁鐵可以留便條，很方便喔！

充分發揮磁鐵特性的道具

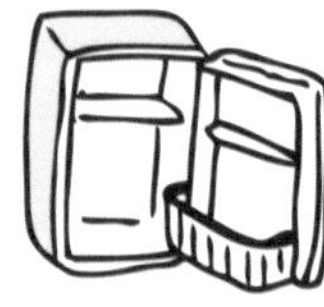

冰箱門外圍的膠條

書包、便當袋等包包的扣環

貼在車上的「新手上路」告示牌

學校教過的事

尋找會被磁鐵吸引的物品

實驗

1. 拿各式各樣的物品靠近磁鐵。
2. 透過觀察可以發現：哪些會被磁鐵吸引、哪些不會被吸引。

結論

- 磁鐵會吸引鐵製的物品。像鋁等非鐵類的金屬，或紙、玻璃、塑膠、木頭等非金屬物品，就不會被磁鐵吸引。

為什麼金屬中，只有鐵製品會被磁鐵所吸引呢？這是因為磁鐵也是鐵所製成的。鐵，分為可製成磁鐵與不能製成磁鐵兩種。之後的〈自己動手做磁鐵〉單元（P.58～59），還會教大家怎麼將鐵變成磁鐵喔！

1 磁鐵與磁鐵，一定互相吸引?!

● **準備材料** 磁鐵2個（最好形狀相同，較容易理解）

1 磁鐵會相互吸引嗎？試試看各種方向。

一塊磁鐵會有N極與S極。就算把磁鐵剖切成兩半，分離的兩塊磁鐵，還是會形成各自的N極與S極。

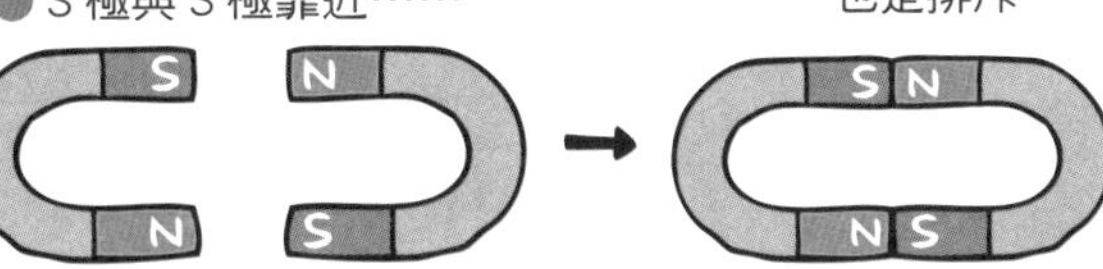

● N 極與 S 極靠近…… 吸引

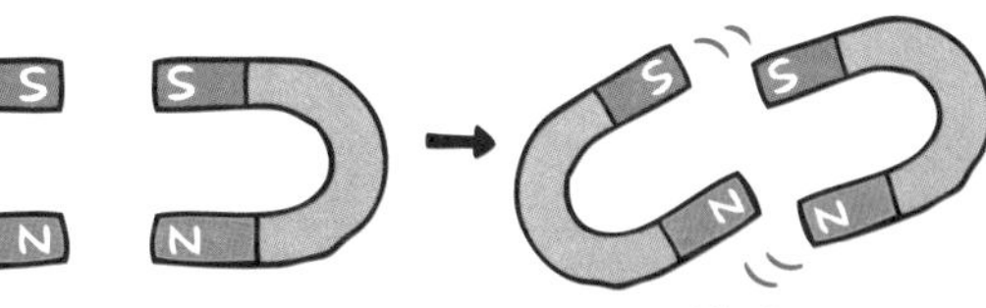

● N 極與 N 極靠近 排斥

● S 極與 S 極靠近…… 也是排斥

● U形磁鐵的 N 極與 S 極靠近…… 吸引

● U形磁鐵同極靠近…… 排斥

2 被磁鐵吸引的物品，也會變磁鐵?!

● **準備材料**
磁鐵、幾支迴紋針

1 磁鐵稍微靠近迴紋針，會把迴紋針吸過去。有些放比較遠的迴紋針，居然會被已經與磁鐵相連的迴紋針所吸引。這是因為被磁鐵吸引的迴紋針，也變成磁鐵了。

2 就算把迴紋針從磁鐵上拿下來，磁力還是能維持一陣子。

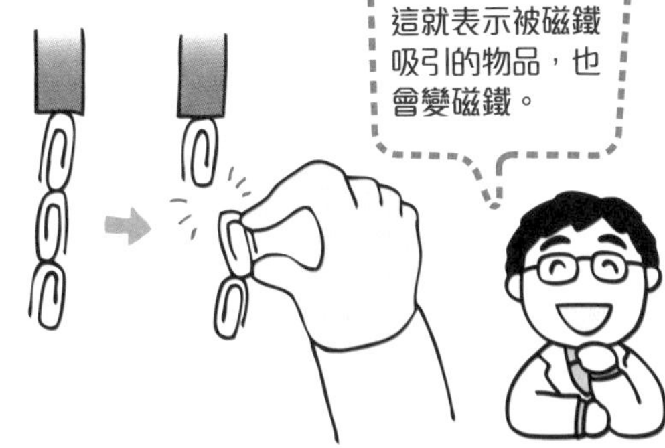

這就表示被磁鐵吸引的物品，也會變磁鐵。

● **有的國家的紙鈔，也會被磁鐵吸引耶！**

■為了方便某些機器辨識鈔票是不是真鈔，某些國家所印製鈔票（如美國、日本等）的墨水裡，會加入能被磁鐵吸引的成分。加上紙鈔很輕很薄，只要強力磁鐵一靠近，馬上就會被吸走喔。

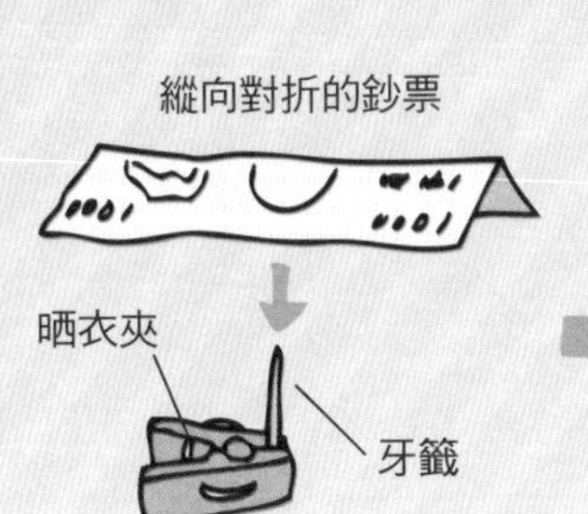

在晒衣夾夾住的牙籤上放紙鈔，並拿磁鐵慢慢靠近，就可以知道臺灣的紙鈔有沒有含有鐵的成分了。

鐵的大變身

自己動手做磁鐵

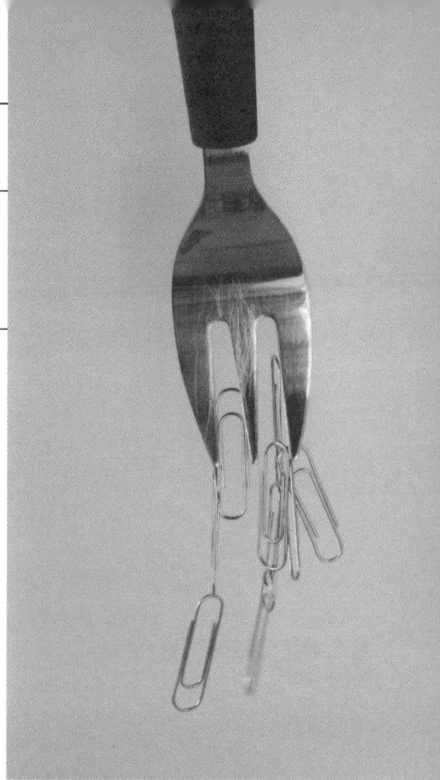

磁鐵真的可以自己做嗎？
真的！而且利用身邊常見材料，
就能輕輕鬆鬆的完成喔！

大部分的磁鐵都是經過工業加工製成的。
但大自然裡還是有一些本來就具有磁性的「磁鐵礦」。

1 讓叉子變身磁鐵

● **準備材料** 磁鐵、叉子（整支都要是可被磁鐵吸引的材質）或剪刀、迴紋針

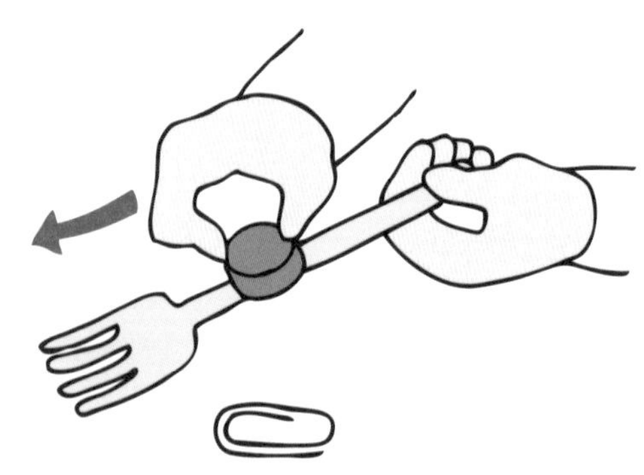

1. 一手拿叉子，一手拿磁鐵。把磁鐵從叉子握柄往尖端方向摩擦幾次。
2. 將叉子靠近迴紋針，迴紋針就會被變成磁鐵的叉子吸引了。

為什麼叉子會變成磁鐵？

太神奇了，金屬叉子被磁鐵摩擦個兩三下就會變成磁鐵，這是因為鐵原本就是由很小很小的磁石匯集而成。

不過，由於小磁石的磁力方向通通不一樣，所以就沒辦法變成磁鐵。只要拿磁鐵摩擦個幾下，讓叉子裡的小磁石方向統一，就能產生磁力囉！

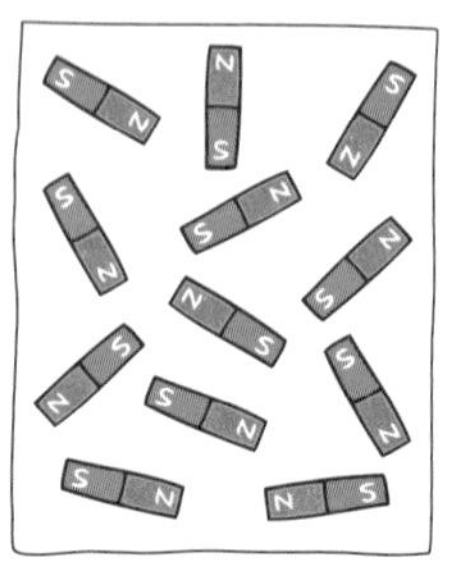

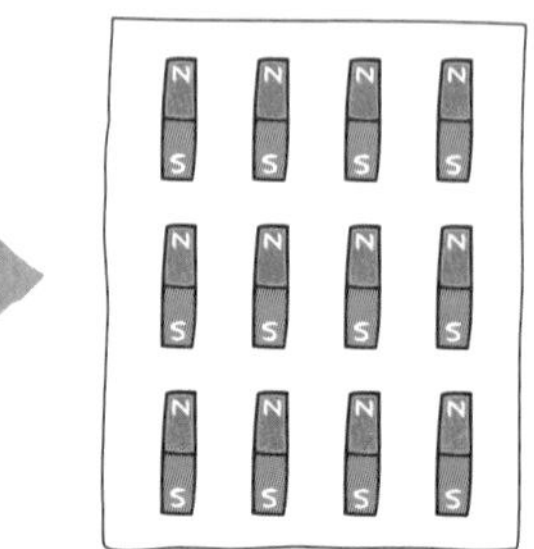

使用鐵鎚時，記得要請大人幫忙喔。

2 讓衣架變身指南針

● **準備材料**　鐵製衣架、鐵鎚、線、指南針（或可以探測方位的物品）

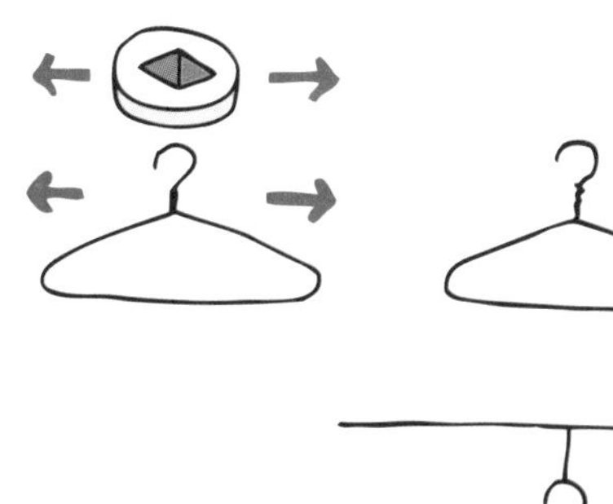

1. 用指南針調查好方位後，把衣架朝南北方拿好。
2. 用鐵鎚用力敲打衣架的其中一邊。
3. 用線把衣架懸吊起來，衣架的兩端會停在南北方。

3 讓迴紋針變身指南針

● **準備材料**　迴紋針、木筷、打火機（用瓦斯爐也可以）、小盤子、寬口深凹盤、 指南針（或可以探測方位的物品）

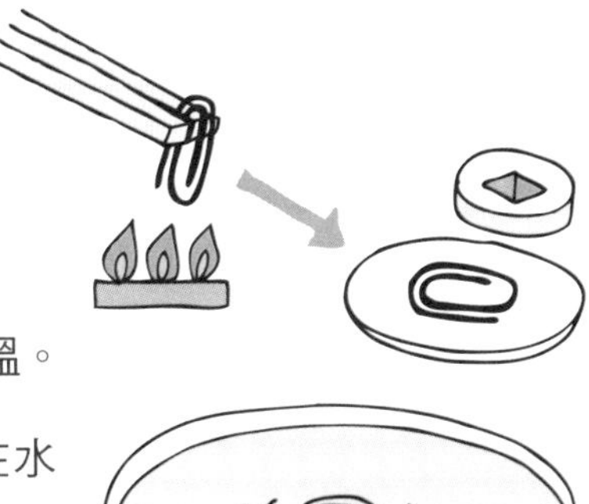

1. 將小盤子與指南針並排，確認南北方位置。
2. 木筷前端用水沾溼後，夾起迴紋針，用火燒烤。

⚠ 用火時，一定要有大人陪在旁邊喔。

3. 等迴紋針燒紅，朝南北方向放到小盤子上，靜置等待降溫。

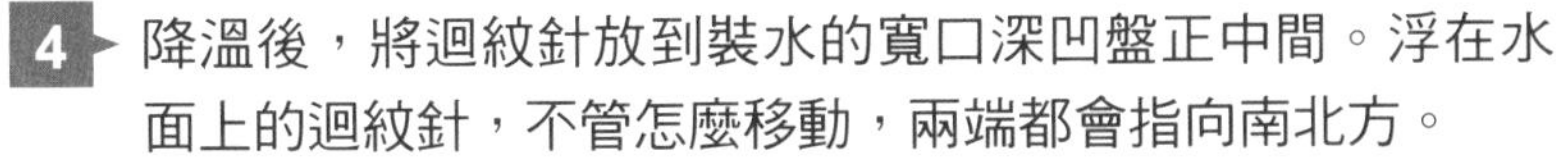

4. 降溫後，將迴紋針放到裝水的寬口深凹盤正中間。浮在水面上的迴紋針，不管怎麼移動，兩端都會指向南北方。

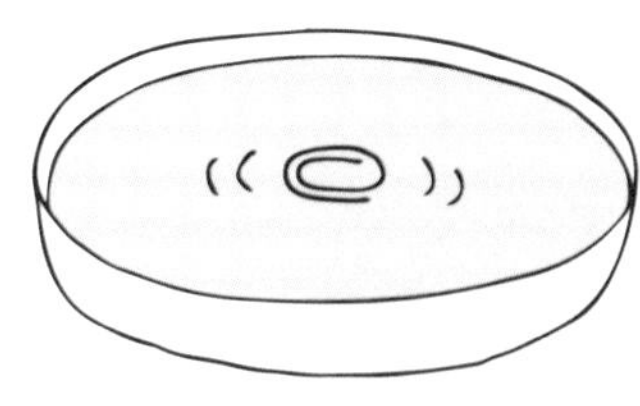

★迴紋針浮不起來的話，可以塗一點蠟。

★水面不夠寬闊的話，迴紋針就容易就黏在盤子邊緣。

什麼力量讓衣架與迴紋針變身磁鐵？

就是地球的磁力。地球就好像一塊超大的磁鐵，北邊是 N 極，南邊是 S 極。因此 指南針上 N 極的方向就是北邊。將鐵燒熱或強力敲擊後，鐵裡面的小磁石就會受到地球磁力影響，因而變成磁鐵。

藏在火車票背面的謎團

用鐵砂解開車票的祕密

為了讓機器讀取，火車票或提款卡的資料，
很多都是利用磁條來做記錄的。
想知道這些資料是怎麼被記錄下來的嗎？

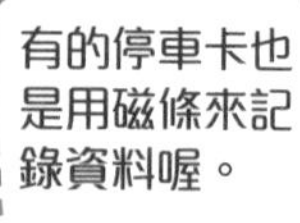

1 第一步是收集鐵砂

【收集沙坑的鐵砂】

● **準備材料** 磁鐵、塑膠袋、晒衣夾

1. 將磁鐵放入塑膠袋，袋口用晒衣夾夾好，將袋子放入沙坑裡。
2. 鐵砂會被吸附在袋子外，只要把袋子翻過來，就能裝成一袋了。

【收集暖暖包的鐵砂】

● **準備材料** 拋棄式暖暖包（使用後的）、篩子、紙

1. 將使用後的暖暖包剪開，倒出裡面的粉末。
2. 把粉末放到篩子上，過濾出較細的粉末。

2 車票到底藏了什麼祕密？

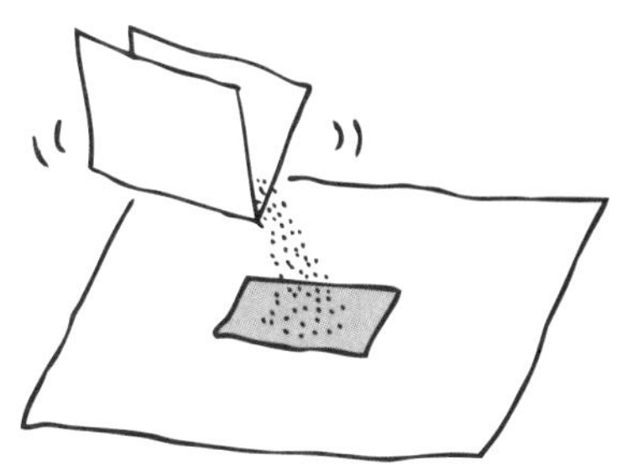

● **準備材料**　火車票（背面必須是黑色或咖啡色的）、鐵砂、報紙、透明膠帶、白紙

1. 將車票黑色那面朝上放在報紙上，再撒上鐵砂。鐵砂要蓋住整張車票。
2. 拿起車票，微微傾斜抖掉多餘的鐵砂。
3. 殘留於車票上的鐵砂大致會呈現細線狀。
4. 想看得更清楚的話，可以把透明膠帶貼在線上，黏住鐵砂，再把膠帶拿起來。
5. 將膠帶貼在白紙上仔細觀察，會發現這些線長得很像常見的條碼。這就是隱藏在車票裡的磁式資料。

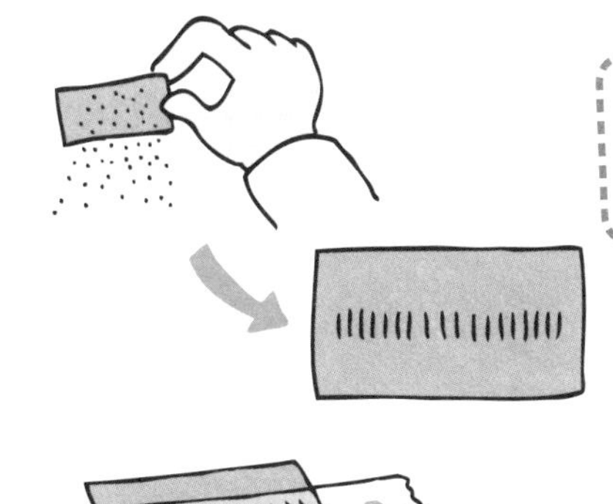

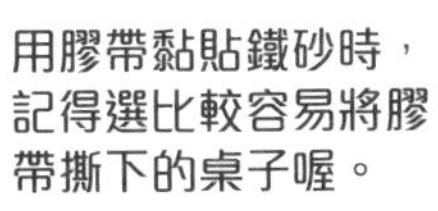

用膠帶黏貼鐵砂時，記得選比較容易將膠帶撕下的桌子喔。

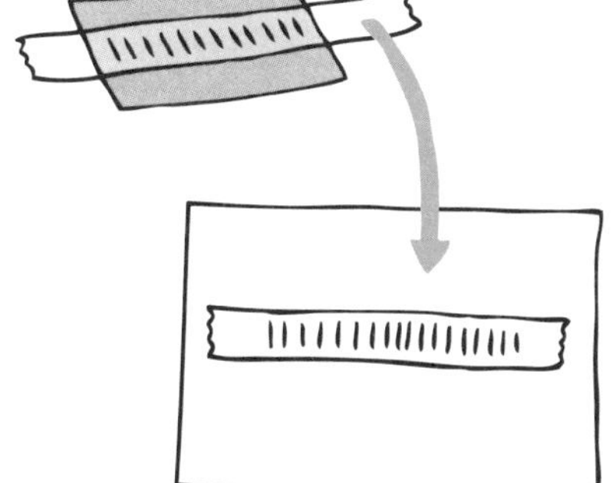

磁式資料裡記錄了乘（下）車站、時間、費用等資訊喔。

什麼是磁式資料？

車票背面的黑色部分，就是所謂的「磁條」，可以用專門的機器來讀取或更改上面的資料。除了車票以外，銀行存摺、提款卡、信用卡、借書證上都常會有磁條。不過，近年來，大多改用可登錄較多資訊的 IC 卡來取代。

磁條應用要避免太靠近強力磁鐵，否則磁條上的資料，就會通通消失不見，所以一定要特別留意。

以前常見的錄影帶或錄音帶，也是相同的原理。

晃啊～晃啊～

鐘擺魔術

金屬墊片會自己晃啊晃的，就像有超能力的魔術。
其實，這就是鐘擺現象啦！

鐘擺時鐘與節拍
器都是利用這個
原理製作而成的
喔。

學校教過的事

什麼會改變鐘擺來回擺動的時間？

結論

1. 改變擺錘重量、鐘擺長度、擺動幅度並進行測量，最後來比較時間長短。
2. 鐘擺來回擺動的時間，會隨著鐘擺長度而改變，鐘擺重量與擺動幅度則不會有任何影響。

結論

● **鐘擺來回擺動一次的時間，取決於鐘擺長度。**

長度相同的鐘擺，來回擺動一次的時間都一樣。因此，鐘擺時鐘與音樂課會用到的節拍器，都是計算一定時間的道具。傳治郎老師的實驗就是利用鐘擺的規律，傳授大家神奇的魔術手法。

1 讓觀眾選鐘擺，自己晃啊晃

● **準備材料** 金屬墊片6枚、線或細繩、相同高度的椅子2張

【準備】

1. 將線穿過金屬墊片中間的空洞後打結，做成鐘擺。6個鐘擺都完成後，再依線的長度，兩兩一組，總共分成三組。

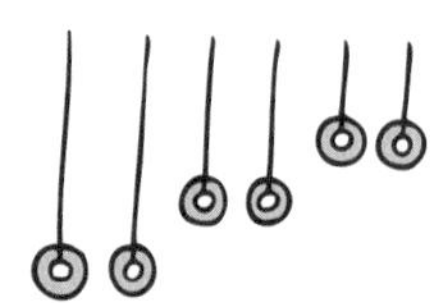

2 將6個鐘擺綁在約60cm的線或細繩上（參考圖 I ）。每個鐘擺距離5cm左右。長度相同的鐘擺要錯開，不要綁一起。

【圖 I 】

長線不用拉得很緊，稍微有點垂下來就可以了。

3 將長線綁在等高的椅背上，左右高度要一致。

綁線時，要避免移動到鐘擺的長度。

【魔術】

1 說完「接下來，我要讓你選的鐘擺動起來！不是用手，是用我的超能力。」這句話，請觀眾從中挑選一個鐘擺。

2 說完「鐘擺啊，盡情擺動吧，去呼喚你的同伴。」這句話，輕輕用手指推一下與觀眾所選一樣長度的另一個鐘擺。

3 於是，觀眾選的鐘擺，也會開始晃動起來。至於，另外四個則是聞風不動。是不是太神奇了呢！

長度相同的鐘擺會彼此傳遞能量，所以推一個，另一個也會跟著擺動。

2 用超能力讓鐘擺開始動

● **準備材料**　金屬墊片3枚、木筷、線（或是細繩）

1 用線將金屬墊片綁起來，做成3個長度不一的鐘擺，再綁到木筷上。

2 將筷子拿起來，選一個想讓它擺動的鐘擺。

3 看著自己選好的鐘擺，雙手輕輕搖動筷子，鐘擺就會自己動起來囉。

其實，這不是超能力只需多加練習。

每個鐘擺擺動周期不同，所以不會同時擺動。只要找出想用雙手力量讓它擺動的那個鐘擺的周期就好了。

用眼睛看就可以判斷

分辨生雞蛋與水煮蛋的方法

覺得生雞蛋和水煮蛋長一樣，分不清楚嗎？
大家通常怎麼分辨啊？乾脆直接敲開來看看吧！
其實，不用這種做，有更簡單的分辨法喔！

誰是生蛋？誰是水煮蛋？
到底哪個是哪個啊？
一模一樣
生蛋
水煮蛋

我這邊有一些超簡單的辨識法唷！

1 轉轉看

● **準備材料** 生雞蛋、水煮蛋

1. 把蛋放在桌上轉轉看。會像陀螺一樣轉的就是水煮蛋，轉不起來的就是生雞蛋。
2. 用手指按住轉動中（晃動）的蛋，再放開，觀察蛋能不能停在固定方向。馬上能停住不動的是水煮蛋，會稍微搖晃的是生雞蛋。

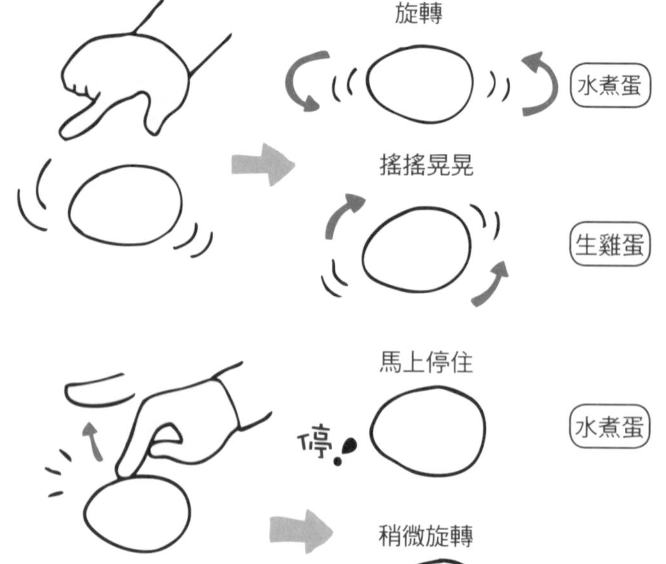

● **準備材料** 生雞蛋、水煮蛋

在房間或客廳的空曠處，或教室前後、人少的走廊上，把蛋橫著往前滾。一開始，兩顆蛋橫在地板上滾。但滾著滾著，有一顆會立起來。

【滾蛋的方法】（從側面看）

一開始橫著滾　　一直橫著滾

這顆是水煮蛋！

水煮蛋

這顆是生雞蛋！

一開始橫著滾　　接下來晃來晃去　　最後居然立起來！

解說 為什麼生蛋跟水煮蛋的滾動方式不同？

大家都知道生蛋與水煮蛋的滾動方式不同了。水煮蛋可以一直轉圈圈，但生雞蛋卻會左搖右晃，這是因為生雞蛋裡還是液體，中心不固定，只要蛋黃一動，重心就會偏移，轉起來就會搖搖晃晃。

旋轉時，用手指按一下，讓蛋停止，生雞蛋因為內部還在旋轉，所以一放手又會開始旋轉。放在地板上也是如此，滾的時候，內部蛋液在滾動，導致重心不斷改變。

■雞蛋的構造

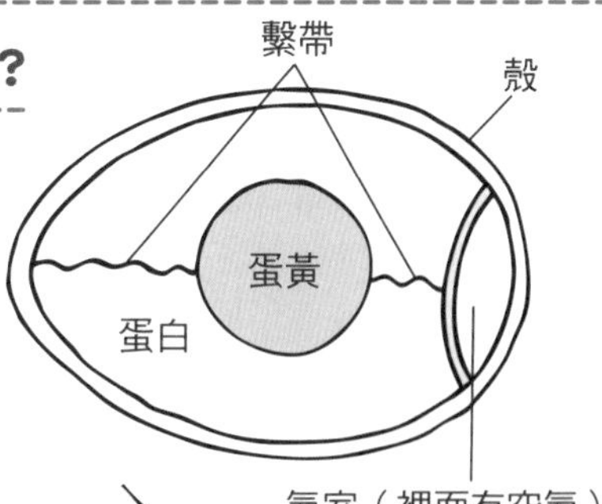

生雞蛋的晃動，就像裝了冰塊的水，轉動杯子的話，裡頭的冰塊也會晃動。

搖頭又晃腦

來做彌次郎兵衛玩具

不知道大家有沒有玩過彌次郎兵衛啊？
這可是利用槓桿原理做出來的平衡玩具。
有很多材料都可以做彌次郎兵衛喔！

彌次郎兵衛是從日本流傳過來的傳統玩具。

製作方法很簡單，一起動手做做看吧。

1 叉子做的彌次郎兵衛

● **準備材料**　叉子2支、1元硬幣1枚、晒衣夾1個、瓶子1個

【叉子＋硬幣】

1. 將2支叉子的尖端相互交疊後，把硬幣平放插入2支叉子正中間。
2. 將插了叉子的硬幣放在瓶口，並調整擺置角度，取得平衡。

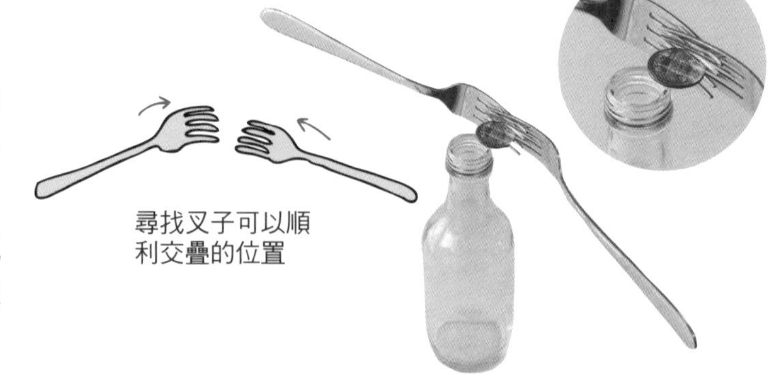
尋找叉子可以順利交疊的位置

【叉子＋晒衣夾】

1. 把2支叉子握柄逆向插入晒衣夾的鐵環兩側。
2. 用手指支撐晒衣夾，並調整角度，取得平衡。

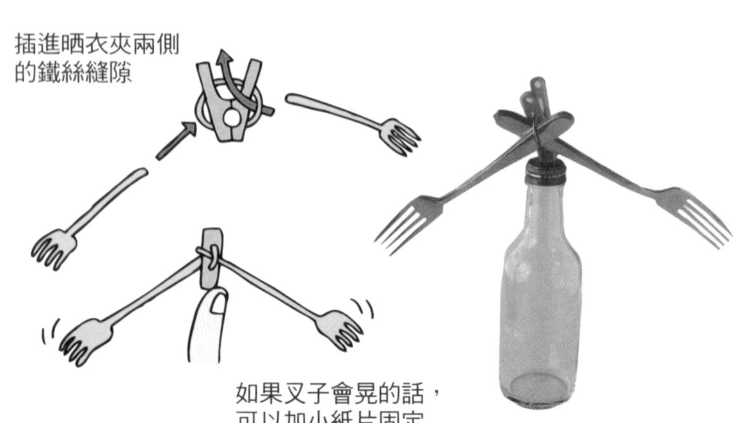
插進晒衣夾兩側的鐵絲縫隙
如果叉子會晃的話，可以加小紙片固定

2 橡樹果做的彌次郎兵衛

● **準備材料** 橡樹果3顆、竹籤2根、錐子、木工用強力膠

1. 用錐子把其中2顆橡樹果鑽洞後，插上竹籤，做為彌次郎兵衛的手臂。
2. 最後1顆橡樹果當做身體，用錐子在兩側斜斜地鑽兩個洞。鑽好以後，插上手臂。

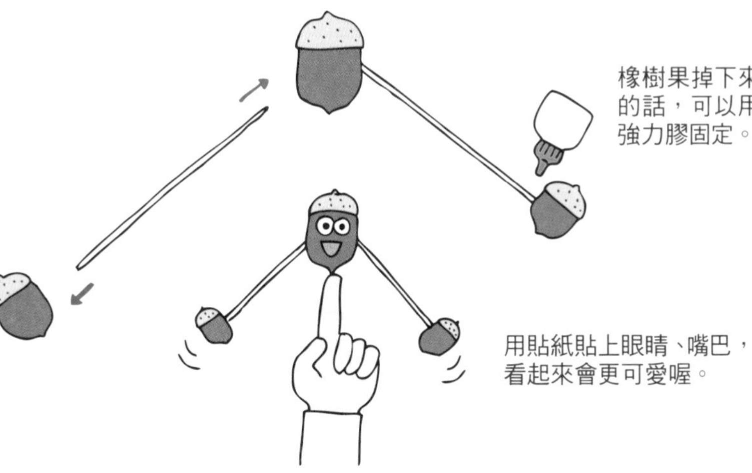

橡樹果掉下來的話，可以用強力膠固定。
用貼紙貼上眼睛、嘴巴，看起來會更可愛喔。

3 蔬菜做的彌次郎兵衛

● **準備材料** 胡蘿蔔、馬鈴薯、小番茄、鉗子、牙籤、鐵絲、火柴棒

1. 將切成適當大小的胡蘿蔔當成身體，插上火柴當做手腳。
2. 將插了牙籤的小番茄插在身體上方，當做彌次郎兵衛的頭。
3. 將插了馬鈴薯用來平衡重量的鐵絲，插在身體上。
4. 用鉗子調整鐵絲彎度，取得平衡。

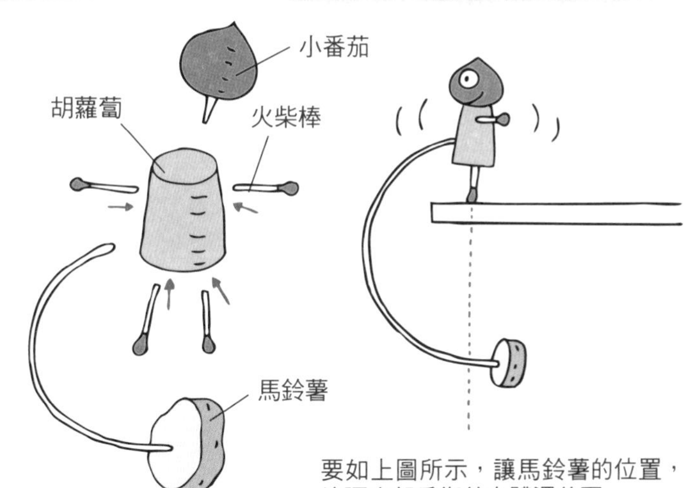

要如上圖所示，讓馬鈴薯的位置，比彌次郎兵衛的身體還後面。

解說 保持彌次郎兵衛平衡的方法

物品重量的中心點就是所謂的重心。彌次郎兵衛的重心，一定會低於支撐身體的部分。重心愈低，彌次郎兵衛會愈穩。因為彌次郎兵衛的手臂是往斜下方延伸出去，除了維持平衡，還會增加下方重量。

■**彌次郎兵衛的構造**

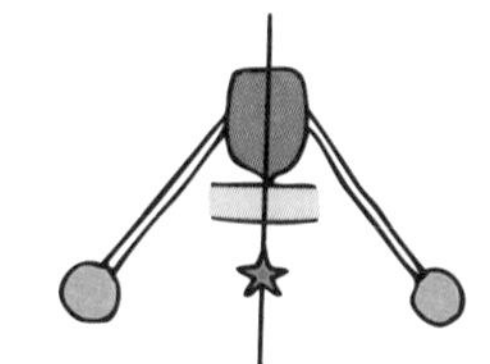

這時彌次郎兵衛的重心在★附近。這是最穩定的姿勢。

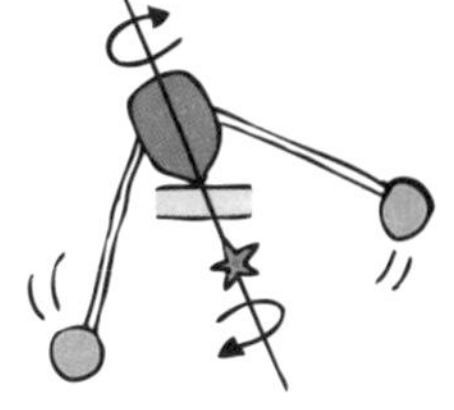

一晃動，重心就會往上偏，為了維持穩定，會試著回到最初姿勢。

「為什麼？」專欄 3

你辦得到嗎？——手指弄彎湯匙的祕密

單靠手指的力量，就能把金屬湯匙弄彎。這個常在魔術、超能力看到的表演，其實，只要掌握一個訣竅，每個人都做得到。

金屬製的超硬湯匙，為什麼那麼輕易就能被凹彎呢？關鍵就在於「槓桿原理」。只要利用槓桿原理來施力，就能輕鬆舉起很重的東西。用手指的力量把硬梆梆的湯匙凹彎，也是一樣的原理。

大家一起來挑戰看看吧！

來凹凹看吧！

● **準備材料**　不鏽鋼製湯匙

將湯匙放在食指上找出支點（平衡點）。

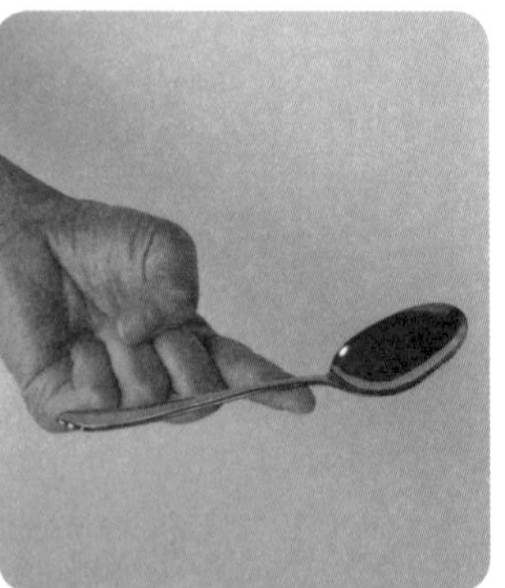

抓住距離支點約一根手指的握柄，並將湯匙凸面朝自己。其他四根手指輕握握柄。小指要擺在湯匙柄最下面。

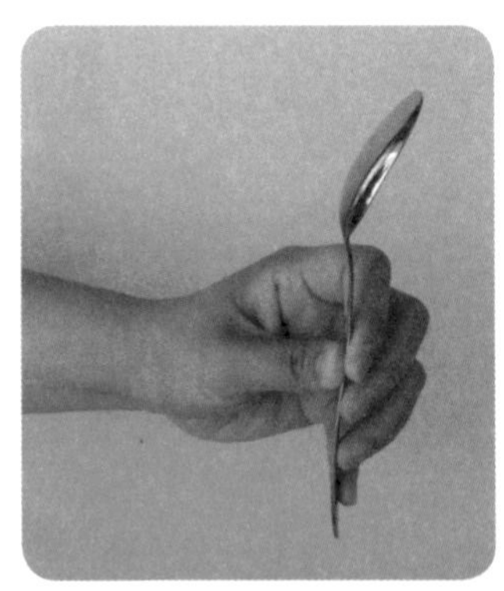

將另外一手的食指放在湯匙上，並用力朝自己的方向扳（扳不動可以加入中指）。

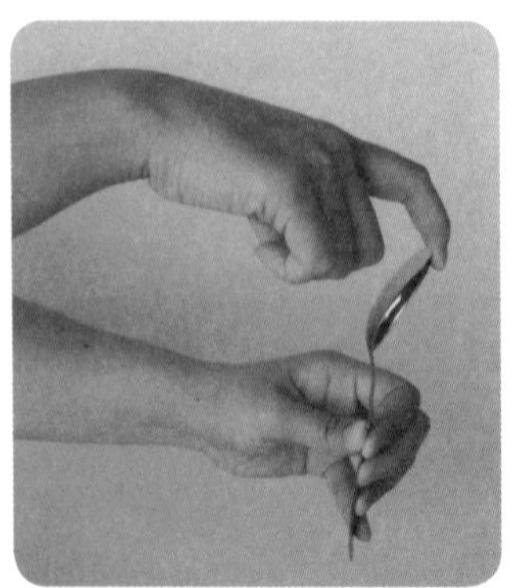

神奇的事情就發生啦！

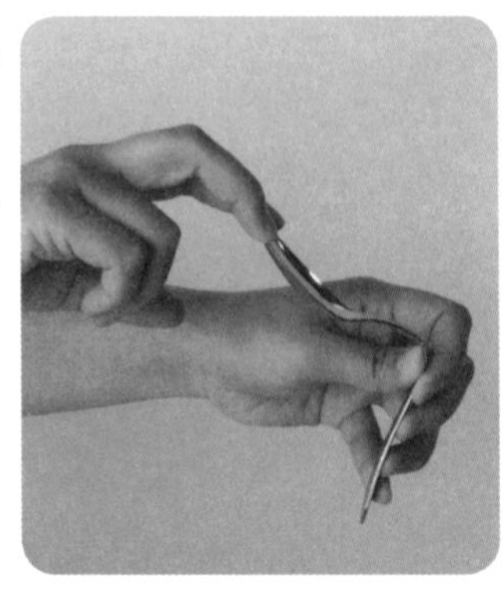

發現大驚奇
身邊各種神奇現象！

探索眼前的生物與大自然

水耕蔬菜

抓住空氣中的水蒸氣

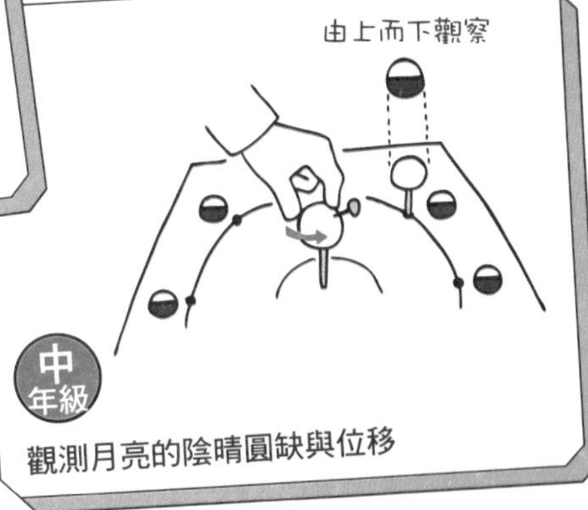

觀測月亮的陰晴圓缺與位移

植物、昆蟲、雲朵、太陽或月亮等，這些跟我們息息相關的大自然，充滿各種不可思議的現象。仔細觀察身邊的小花或小蟲，會得到驚人的發現；仰望天空與白雲，也會有意想不到的收穫喔。就用傳治郎老師的實驗，來探索大自然的奧妙吧！

蔬菜花朵大變身

讓葉子與花朵染上美麗色彩

植物的根部就好像馬達一樣，
把土壤中的水分和養分傳送到植物體。
至於，莖部和葉子又是如何運作呢？

學校教過的事

植物根部攝取的水分會經過哪裡呢？

實驗

1. 將鳳仙花的根部放進紅色的顏色水裡。
2. 將根、莖、葉剪下之後，仔細觀察變化。
3. 被染成紅色的部位，代表有水分通過。

結論

- 水分會通過植物的根、莖、葉。

根部吸收顏色水後，就能觀察植物內部的水分通道。從根部傳送到莖部的水分，最後都會到達葉子，再轉換成水蒸氣散發出去。傳治郎老師的實驗就是利用花朵內部的水分通道，將白色的花朵染色，並藉此觀察根部以外的部位會不會吸收水分喔。

1 將白色花朵染色

● **準備材料** 白色花朵（康乃馨、玫瑰、非洲雛菊等，需保留植物莖部）、紅色墨水、藍色墨水、杯子 2 個、美工刀

1. 將 2 個杯子裝水，分別倒入紅色及藍色墨水。
2. 用美工刀將白花莖部一分為二後，如圖示方式放入水杯。
3. 觀察花朵的染色過程。記錄 1 小時後、12 小時後、24 小時後的染色情形。染色過程可以畫下來，或用數位相機拍下來更方便。

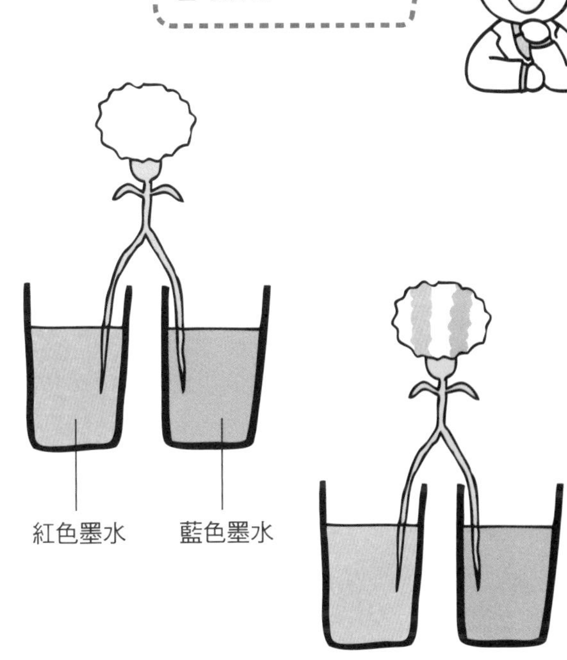

20 個小時後的花朵染色情形示意圖

2 將蔬菜染色

● **準備材料** 大白菜葉或高麗菜葉（用內側的菜葉比較好）、裝水容器、食用色素（紅、黃、綠色等，超市就買得到）

1. 將食用色素倒入水中，製作顏色水（100ml 的水約加 3g 色素）。
2. 用美工刀切掉菜葉的底部，把菜葉放進 1 的顏色水裡。
3. 觀察葉子的染色過程。跟花朵染色一樣，每隔幾個小時，就把情形記錄下來。

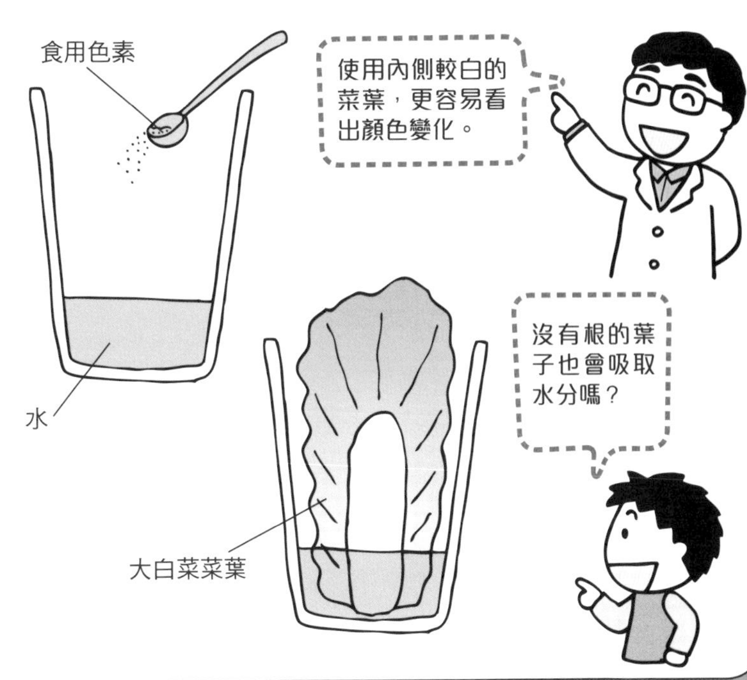

食用色素
水
大白菜菜葉
使用內側較白的菜葉，更容易看出顏色變化。
沒有根的葉子也會吸取水分嗎？

用陽光來烙印

在葉子上拍日光照片

日光照片是將感光紙對著陽光所拍下的照片。
用牽牛花、向日葵或繡球花等葉面較大的葉子，
就能取代感光紙，來拍攝日光照片了喔！
只要把畫有圖案的紙型印在葉子上就成功了。

好像很有趣耶！
為什麼可以印在葉子上啊？
這個實驗利用的是植物葉子的特性。

學校教過的事

植物葉子受陽光照射後會產生澱粉？

實驗

1. 準備兩株馬鈴薯（含葉子），一株拿東西蓋起來，一株接受日曬。
2. 隔天從兩株馬鈴薯上各摘下一片葉子，滴上幾滴碘酒，檢查是否含有澱粉。
3. 被蓋住那株的葉子會變白，受到日曬的則會變藍紫色。

結論

- 植物葉子受到陽光照射，就會產生澱粉。

澱粉一碰到碘酒就會變成藍紫色。我們藉此可以得知，澱粉是葉子製造出來的。傳治郎老師的實驗就是利用這個特性，在葉子上拍下日光照片。

1 將圖案印在葉子上

● **準備材料** 鋁箔紙（或黑紙）、透明膠帶、剪刀

⚠ 這個實驗要在晴天的時候做。

1. 尋找向日葵、牽牛花、繡球花等葉面較大的植物葉子。挑一片晒得到太陽的葉子並測量大小（不要把葉子摘下來）。
2. 準備一張能蓋住葉子的鋁箔紙，剪出自己喜歡的圖案框。
3. 趁著一大早，先將2的鋁箔紙用膠帶貼在葉子上。
4. 經過 5 ～ 6 個小時後，將葉子剪下來。

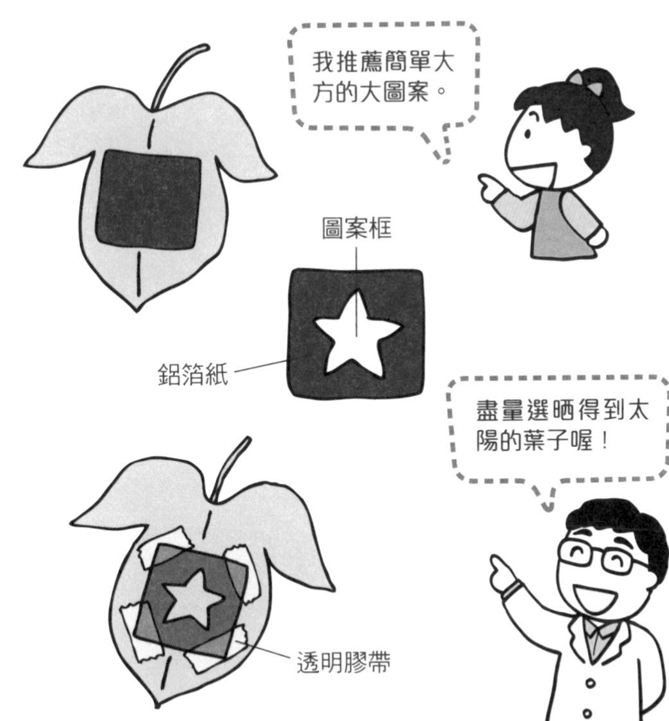

我推薦簡單大方的大圖案。
圖案框
鋁箔紙
盡量選晒得到太陽的葉子喔！
透明膠帶

2 沖洗影像

● **準備材料**

實驗 **1** 的葉子、消毒酒精、碘酒（或加了碘的漱口水、消毒液）、鍋子、大碗公、杯子、寬口深凹盤、免洗筷、面紙、報紙 ※ 消毒酒精和碘酒，藥局都買得到

⚠ 這個實驗一定要找大人一起做。

1. 將水倒入鍋中煮沸後，放入印有圖案的葉子。葉子變軟就可以撈起來。
2. 將熱水倒入大碗公，中間擺放裝有消毒酒精的茶杯，並將1的葉子浸泡在酒精裡，等酒精顏色變綠。注意，泡太久葉子會爛掉喔。

3 探索眼前的生物與大自然

下一頁還有喔

3 把葉子撈起來，用溫水沖洗乾淨。再把水分擦乾，直到葉子軟化。

4 碘酒倒在盤子裡，以1：10（碘酒：水）比例稀釋，並將葉子泡進溶液裡，直到葉子變色再撈起。

5 用面紙將葉子上的水分吸乾後，夾在報紙裡，上面壓放重物。等到葉子完全乾燥，就大功告成了。

溫水
稀釋過
的碘酒

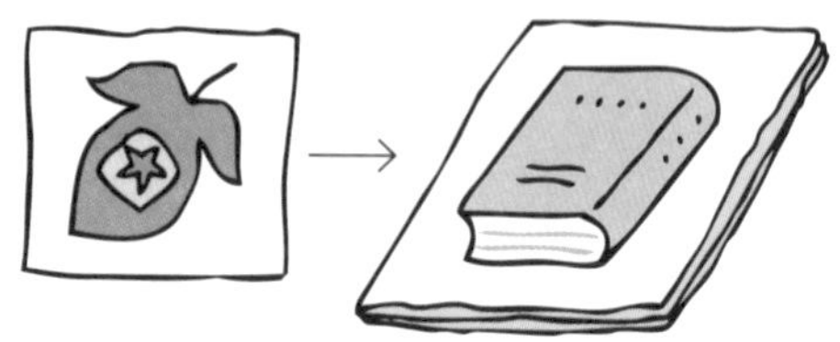

日光照片的顏色，會隨著時間逐漸消失，做好時要先拍照留念。

植物葉子的祕密

若由上往下俯看葉子很多的植物時，就會發現每片葉子幾乎不會重疊。這樣一來，每片葉子都能晒得到陽光，提高光合作用的效率。

仔細觀察身邊的植物葉片，又是如何交錯的呢？

★莖上每小節只長一片葉子（互生）

★莖上每小節葉子都是兩兩對稱生長（對生）

★莖上每小節長出三片以上的葉子（輪生）

廚房裡的家庭菜園

發現植物生命力

學校自然課有觀察過植物的生長吧！
現在要教大家在家挑戰水耕蔬菜，
用吃剩的部分種植，可說是一石二鳥啊！

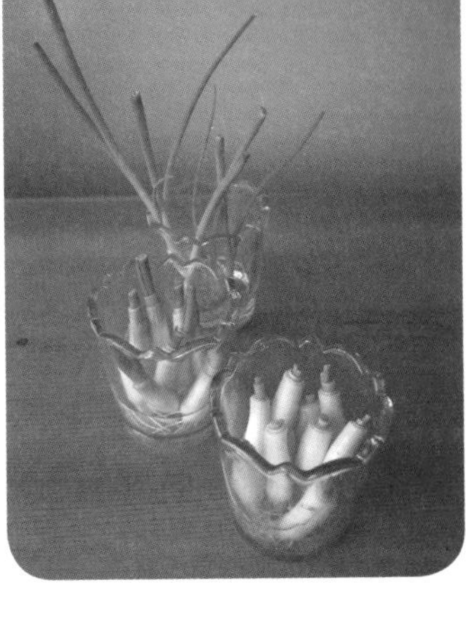

只要有水，就能栽種喔！
種出來的能吃嗎？
也可以拿來當觀賞植物吧！

長出來的青蔥或洋蔥芽，都可以能拿來做菜喔。

1 來種蔥和洋蔥

● **準備材料**　蔥（長蔥、青蔥）、洋蔥、玻璃瓶等容器

1 將平常做菜時用不到的青蔥根部，插進裝水容器裡，並放在太陽照得到的地方。

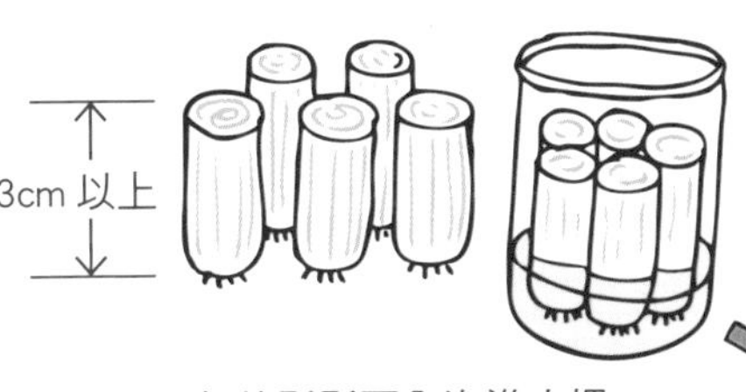

根部的鬚鬚要全泡進水裡

2 將洋蔥放進裝了水的玻璃瓶裡，只需要根部泡到水就好。接著，拿到太陽照得到的地方擺好。

3 記得要天天換水，並觀察蔥與洋蔥慢慢長大的過程。每天拍照（或畫下來），這可是很好的植物生長觀察日誌。

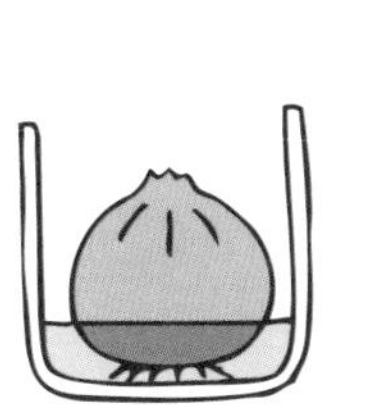
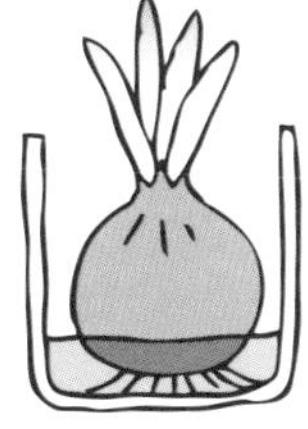

也可以用已經發芽的洋蔥

下一頁還有喔

2 來種胡蘿蔔與白蘿蔔

● **準備材料** 胡蘿蔔或白蘿蔔頭、淺盤等容器

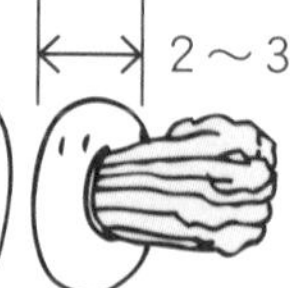

1. 收集做菜時用不到的白蘿蔔頭與胡蘿蔔頭。
2. 先在容器裡倒入 1cm 高的水，再把蘿蔔頭放進去，並移到太陽照得到的地方，擺置數日（參考圖 I ）。
3. 記得每天換水，換水時容器最好也洗一洗。
4. 幾天後，蘿蔔的莖與葉會慢慢長大，還可能開花。

葉子太多的話，可以先用剪刀修短

【圖 I 】

倒入約 1cm 高的水

長出來的新葉子，可以拿來煮味噌湯。

換水時，除了清洗容器，也要用手指輕輕擦一下蘿蔔的斷面

3 自己種豆苗，就能再吃一次

● **準備材料** 豆苗根、托盤等容器

1. 來種煮菜時剩下的豆苗根吧！
煮菜時，先把豆子附近帶有側芽的部分切下來。
2. 接著，把帶有側芽的根部浸泡在有水的托盤容器，等待長大。不要直接晒到太陽，只要放在亮一點的地方，每天換水就好。

托盤上放海綿（或棉花），會長得更好

不要只是加水，而是整個倒掉換新水。避免讓豆苗發霉，至少可以種個兩次喔。

4 來培育馬鈴薯與地瓜葉

● **準備材料**　馬鈴薯、番薯、種植容器

切

地瓜的芽會從靠近莖部的地方冒出來

【馬鈴薯】

1. 將切半的馬鈴薯放進水高約 1cm 的容器種植。
2. 芽會從馬鈴薯表面的凹洞慢慢冒出頭來。
3. 根會從芽的下方長出來喔。

【地瓜葉】

1. 番薯對半切後，將切面向下放進水高約 1cm 的容器種植。
2. 接著，放在陰暗處數天，直到發芽（葉）。
3. 細根會從不同於芽的地方長出來。

馬鈴薯的芽不能吃喔。
1 cm 的水

地瓜葉長出來之後可以煮來吃。

⚠ 馬鈴薯的芽有毒，千萬別吃下肚。

解說　放在冰箱裡的蔬菜也會成長 !?

將對半切的大白菜或高麗菜放在冰箱裡一陣子，接近中心的葉子就會開始成長，持續長的話，還有可能會開花呢！。

將蘆筍靜置（平放）一段時間後，會發現蘆筍頂端會開始彎曲。這是因為蘆筍即使被採摘，還是會持續生長，而且生長速度很快。

菜園裡採收的蔬菜，放愈久愈容易造成損傷，但並不會馬上死掉。被採收之後，只要讓植物持續進行吸收氧氣、吐出二氧化碳，它們就能利用本身存在的養分，持續生長。據說，蔬菜在保存時只要模擬栽種的情境，就不太會用到多餘養分，而能維持最好吃與最營養的狀態。

馬鈴薯也是。買來一段時間後，表面會變得綠綠的，還會發芽。這是因為馬鈴薯一曬到太陽，就會產生以茄鹼（又稱龍葵鹼）為主的毒素，吃下肚就會中毒。若要避免馬鈴薯發芽，可以將馬鈴薯和蘋果一起放進塑膠袋裡保存。

多下幾道功夫，就能讓蔬菜維持在最好吃的狀態。

準備開動了

平常吃的蔬菜是什麼部位？

平常吃的可能是蔬菜的根、莖、葉或果實，
那大家知道哪些是吃根莖，哪些又是吃葉或果實嗎？

洋蔥不管剝了幾層，長得都是一樣啊！
就算埋在土裡，也不一定通通都是根部吧？
植物可分為根、莖、葉三個部分。
1
吃的是蔬菜的哪個部位呢？
猜猜看，下列六種蔬菜分別是植物的哪個部分呢？
Q1
Q2
Q3
Q4
Q5
Q6
看過這些蔬菜長在田裡的樣子嗎？

▲蓮藕

▲番茄

▲馬鈴薯

▲地瓜

▲洋蔥

▲綠花椰菜

解答 原來吃的是這裡唷！

Q1. 蓮藕是「莖」
蓮藕是蓮花藏在地面下的粗莖，切開來還看得到的洞，就是空氣的通道。

Q2. 番茄是「果實」

Q3. 馬鈴薯是「莖」
馬鈴薯是累積滿滿養分而變大的地下莖。

Q4. 地瓜是「根」
地瓜是累積滿滿養分而變大的根部。

Q5. 洋蔥是「葉」
圓滾滾的洋蔥就是葉梗不斷成長，層層交疊而形成的。

Q6. 綠花椰菜是「花（苞）」
綠花椰菜是還沒開花的花苞。綠花椰菜在日本也稱為「芽花野菜」，跟白花椰菜是好朋友唷。

★分辨「根」和「莖」的方法

馬鈴薯是莖，地瓜（番薯）是根。明明都是「薯」，為什麼差這麼多啊？

最簡單的分辨方式，就是看看有沒有被稱為「側根」的細根。地瓜（番薯）有細根，但馬鈴薯沒有，所以表面光溜溜的。其他像是牛蒡、胡蘿蔔等，也都是植物的根，所以表面都有側根唷。

根部	白蘿蔔、胡蘿蔔、牛蒡、地瓜等
莖部	馬鈴薯、蓮藕、蘆筍等
葉子	高麗菜、萵苣、菠菜等
果實	番茄、茄子、小黃瓜等

這個菜和那個菜是同類?!

以植物種類來區分，會有許多意外驚喜。

■馬鈴薯 VS. 番茄
馬鈴薯與番茄都是茄科植物，其他還包括青椒、辣椒等，都是同屬茄科的好朋友喔。

■萵苣 VS. 高麗菜
雖然萵苣與高麗菜長得像，卻是不同科植物。高麗菜屬於十字花科，萵苣則是菊科。十字花科的蔬菜還包括大白菜、小白菜與白蘿蔔。菊科則有吃火鍋不可或缺的茼蒿。

洋蔥的果實長得跟小番茄一模一樣。

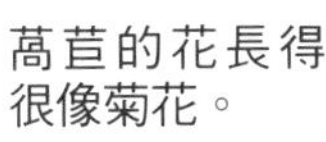

萵苣的花長得很像菊花。

啊，這個東西可以吃！

嘗嘗橡樹果的滋味

很久以前，上古時代的日本人，
可是把橡樹果當成主食唷！

到公園或雜木林裡，就能找到橡樹果。

1 比較橡樹果的味道

【常見的橡樹果】

橡樹果的種類很多，包括麻櫟、枹櫟等落葉植物（一年中有一段時間葉子完全掉光），與黑櫟、石櫟等常綠植物（全年保有葉片，老葉掉了，新葉短時間就能長出來）等。

種類不同味道也不同嗎？

■落葉植物

▲麻櫟

▲枹櫟

▲槲樹

■常綠植物

▲石櫟

▲天女栲

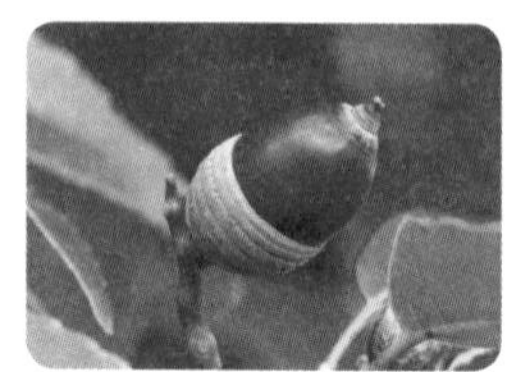
▲黑櫟

那要吃看看才能知道果實的滋味喔。

【食用實驗 1】

把撿到的橡樹果外殼剝掉，直接生吃看看。

【食用實驗 2】

把橡樹果整顆放進平底鍋乾煎一下再吃。味道有沒有不一樣？

2 做橡樹果餅乾

● **準備材料**

【製作餅乾的材料】石櫟粉 100g、麵粉 100g、泡打粉 1/2 小匙、奶油 50g、砂糖 60g、雞蛋 1 顆

【道具】平底鍋、鐵鎚、食物調理機、不鏽鋼調理盆、刮刀、篩網、湯匙、烘焙紙、烤箱

1. 製做石櫟粉。將石櫟果放入平底鍋，用鐵鎚敲掉外殼，再用食物調理機磨成粉。
2. 在不鏽鋼調理盆內放入奶油，用刮刀拌到軟化後，分次加入少許砂糖，與奶油均勻攪拌。
3. 將蛋倒進2裡繼續攪拌，直到混合均勻。
4. 先將石櫟粉、麵粉與泡打粉混合過篩後，再倒入3裡輕輕攪拌（不要太用力）。
5. 將烘焙紙鋪在烤盤上，一次舀起一小匙4，放在烤盤上壓平。全部舀完後，放進烤箱，以 160℃烤 15 ～ 20 分鐘就完成了。

比想像中的還好吃耶！
一片接著一片呢！

解說

為什麼橡樹果吃起來苦苦的？

大部分的橡樹果雜質多，所以味道都很重，有些可能比中藥還苦，甚至苦到吃不太下去。

橡樹果的苦味主要來自於名為「單寧酸」的物質。但單寧酸易溶於水，只要泡在水裡一陣子，苦味幾乎就能去除，如此一來，本來難以下嚥的橡樹果，就會變得比較好入口（這是生活於舊石器時代的日本繩文人，當時就存在的生活智慧）。

空氣也有很多水分

來抓空氣中的水蒸氣

就算是晴空萬里的好天氣，
空氣中也有大量看不到的「水」。
我們一起來抓抓看吧！

學校教過的事

水會自然而然就蒸發嗎？

實驗

❶ 用 2 個燒杯裝水，一杯蓋蓋子，一杯不蓋，2 杯都放在太陽下。

❷ 幾天後，發現沒蓋蓋子的燒杯，水量明顯少很多。

結論

● 水會變成水蒸氣，跑到空氣裡。

幾天沒注意，路邊小水窪就不見了。洗好的衣服，晾個幾天就乾了。以上都是因為水分蒸發跑到空氣中。傳治郎老師的實驗就是要抓出那些存在空氣裡、眼睛看不到的水蒸氣。

1 來抓小水滴吧！

● **準備材料**　玻璃杯、水、冰塊

1. 將冰塊倒進裝滿水的玻璃杯裡。
2. 稍微擺一段時間，耐心等待。
3. 觀察玻璃杯外側出現的小水珠。

2 來做霜吧！

● **準備材料**　金屬杯、冰塊、鹽巴

1. 將大量的冰塊與鹽巴倒進金屬杯裡攪拌均勻。
2. 稍微擺一段時間，耐心等待。
3. 觀察杯子外側結成的霜。

寒流來的時候，偶爾會在清晨看到窗戶玻璃或植物葉子上結的霜。

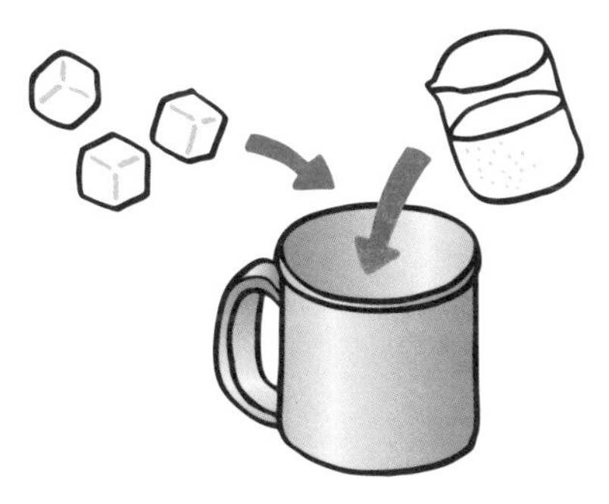

用鹽巴與冰塊來冷卻的實驗，P.44 ～ 45 也做過。

※ 用雙層不鏽鋼杯或保溫瓶，是做不出結果的。

●**等好久都沒有結霜時……**

一直沒有結霜的話，就先把杯子外的水滴擦掉，重新倒入冰塊。

⚠ 手溼溼的去碰結霜的杯子，可能會被黏住。記得戴手套喔！

出現水滴與結霜的原因

空氣裡含有水蒸氣。

至於，空氣裡水蒸氣含量的多寡，關鍵在溫度。溫度愈高，含量愈高。因此，當溫度較高的空氣遇冷，水無法繼續維持在水蒸氣狀態時，就會凝結成水滴或霜。

像是冬天房間的窗戶玻璃出現的小水珠，或洗澡後浴室的鏡子起霧等，都是因為空氣裡的水蒸氣現出原形。

空氣中的水蒸氣，遇冷就現出原形了。

從冰箱拿出的寶特瓶放室溫一段時間會流汗，也是相同道理。

3 探索眼前的生物與大自然

雲的種類與天氣

觀察雲朵做天氣預報

天空的雲是什麼形狀的呢？
各式各樣的雲與天氣有著密切的關係。
從雲朵型態預測天氣，是不是很酷啊！

看我的！
明天是晴天！
與其用鞋子來占卜，還不如抬頭看看天上的雲……

1 雲的分類

天空中的雲百百款。根據所在高度與外形，大致可分為 10 種。

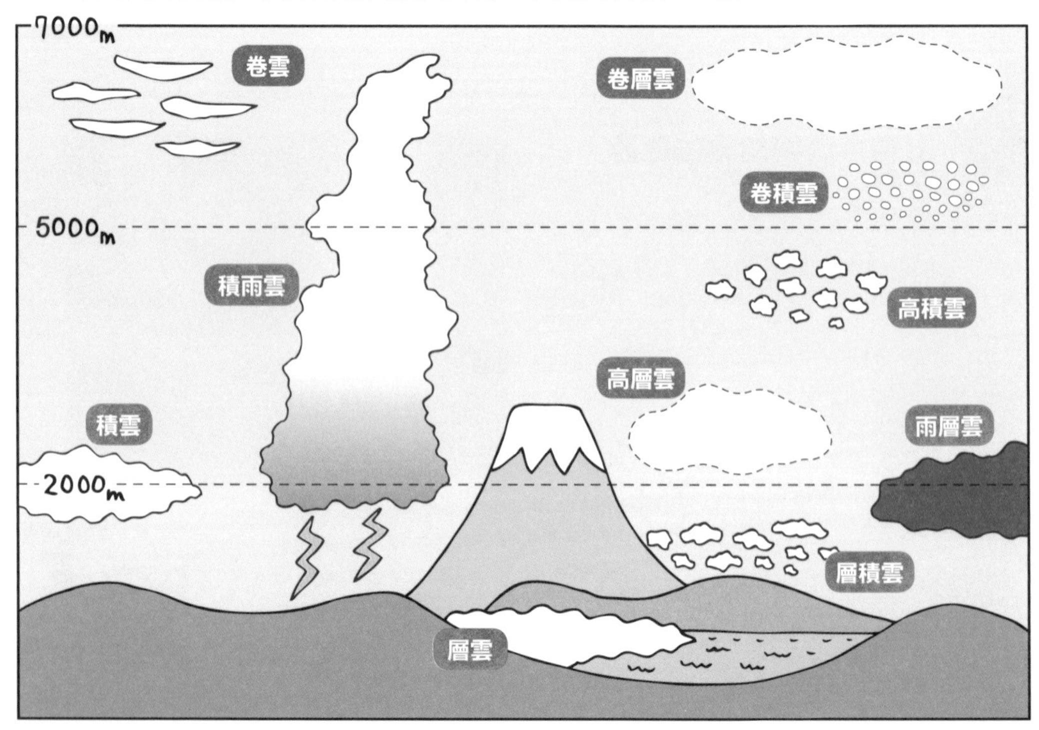

2 雲與天氣的關係

從觀察雲的形狀，就能大略判斷出天氣變化。

▲卷雲（簡稱 Ci）

所在位置最高的雲。外形多變，呈絲條狀。當卷雲變成卷層雲或高層雲時，代表天氣會變糟。

▲積雨雲（簡稱 Cb）

頂端聳起、底部灰暗、體積龐大的雲。通常出現就會下大雨，多半會伴隨打雷閃電，甚至冰雹。

▲卷層雲（簡稱 Cs）

像掛在天空的白色薄紗，會使日月形成光暈。卷層雲出現表示鋒面或低氣壓接近，是天氣轉壞的前兆。

▲卷積雲（簡稱 Cc）

像魚鱗般，一片一片排著，又稱「魚鱗天」，常出現在春夏、秋冬轉換時，是天氣轉陰雨的前兆。

▲高積雲（簡稱 Ac）

看起來很像卷積雲，但雲塊比較大，大多伴隨晴朗無雲的穩定天氣，但若變形，就可能開始持續降雨。

▲高層雲（簡稱 As）

平鋪空中，厚薄不均，薄的地方能看到朦朧日月，厚的地方可能完全遮蔽日月。顏色變灰就會下雨。

▲積雲（簡稱 Cu）

飄浮在晴朗藍天的圓弧形雲朵，愈積愈大就會變成積雨雲。

▲層積雲（簡稱 Sc）

出現在低空，雲層範圍大，主要由水滴組成。灰色與白色雲朵緊緊相連，當灰白間隙消失，就可能下雨。

▲雨層雲（簡稱 Ns）

顏色灰暗又很厚的雲。一出現就會持續很長一段時間的下小雨。

◀層雲（簡稱 St）

出現在最低的地方，如半山腰，看起來像霧的雲。到地面上就會變成霧。

每天看看天空，把出現的雲記錄下來。

3 探索眼前的生物與大自然

準？不準？

驗證與天氣相關的俗諺

有聽過「青蛙叫，大雨到」這句俗諺嗎？
古人資訊傳播不便，幾乎都是長期觀察大自然，
透過無數經驗累積，預測接下來的天氣變化，
所以才有這麼多跟天氣有關的俗諺！

一大早就看到彩虹耶！
好幸運喔！

今天應該會下雨，記得帶傘。

1 驗證天氣俗諺

一起來驗證古人流傳下來的天氣俗諺準不準，再把結果記錄下來吧。

1. 問人，或查詢書、網路資料，看看有哪些跟天氣相關的有趣俗諺吧！
2. 把與俗諺有關的自然現象記錄下來，再跟後續的天氣變化做比較。記得把結果寫在下面的表格裡。

●與天氣相關的俗諺

(1) 青蛙叫，大雨到
(2) 蜘蛛結網天放晴
(3) 早霞不出門，晚霞行千里
(4) 蜻蜓成群飛，雷雨要來臨

問問住家附近的長輩，有沒有其他特殊俗諺呢？

日期	天氣	符合俗諺的現象	後續天氣變化	準 vs. 不準
7月13日	晴	看到晚霞與夕陽（俗諺 3）	隔天也是晴天	○
7月19日	晴	下午 3 點青蛙叫（俗諺 1）	沒有下雨	×
⋮	⋮	⋮	⋮	⋮

2 天氣俗諺不是空穴來風

雖然俗諺是自古流傳下來的生活經驗，但有些也能符合現今的科學知識喔。

【看到長長飛機雲，就是要下雨】

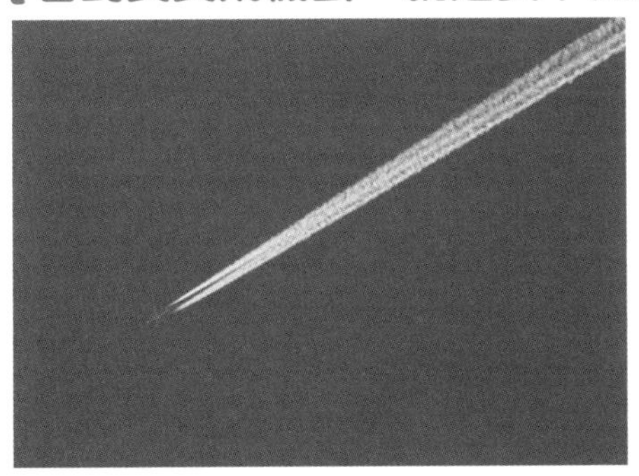

會出現長長的飛機雲，代表上空的空氣較為潮溼，雖然當下晴空萬里，但隔天降雨的機率很高。

【早上出現彩虹是雨天，傍晚出現彩虹是晴天】

彩虹是陽光照到水滴反射而成，會在太陽對向方位出現。早上的彩虹會在西邊，就表示西邊的雨雲正在慢慢靠近。相反地，傍晚的彩虹會在東邊，就表示西邊是晴天，好天氣會由西向東慢慢接近。

【看到夕陽，就是晴天】

出現夕陽是因為西邊的天空放晴。天氣變化是由西向東，傍晚是晴天（西邊），隔天也會是好天氣（東邊）。

【日月有光暈，就會下雨】

太陽或月亮出現光暈，是受到卷層雲的影響。既然卷層雲出現了，就表示好天氣快要消失了。

原來如此呀。古人好認真在觀察大自然！

解說

天氣俗諺真的很準嗎？

古代人會藉由對大自然的觀察，來預測接下來的天氣變化，這對當時的農耕與日常，有很大的幫助，於是，老祖宗的智慧就一代傳一代。其實，有很多俗諺可以用科學來解釋。

除了把握天氣變化由西向東的原則，根據不同地形、風向、季節等，能讓預測更為精準。此外，觀察雲朵的形狀與動向，也能大略預知未來的天氣概況。

所以啊，雖然這些俗諺並非百分之百準確，但也不單單只是迷信而已，還是有參考價值的。

來探索魚的身體

解剖小魚乾

支撐身體的骨頭、用來呼吸的肺、消化食物的胃等，人的體內有著各式各樣的器官。那麼，魚也是如此嗎？想知道答案的話，就來解剖小魚乾。

魚類水煮晒乾後，就是所謂的「魚乾」。通常都是用鯷魚或丁香魚製成的。
小魚乾啊！
味噌湯好好喝！
是用什麼熬煮的高湯啊？

1 觀察魚乾的外表

● **準備材料** 小魚乾（鯷魚或丁香魚都可以）、放大鏡

※ 愈大隻的魚乾愈方便觀察。最理想的長度是 10cm，外型不要歪七扭八。

第一步，仔細觀察小魚乾的外表。

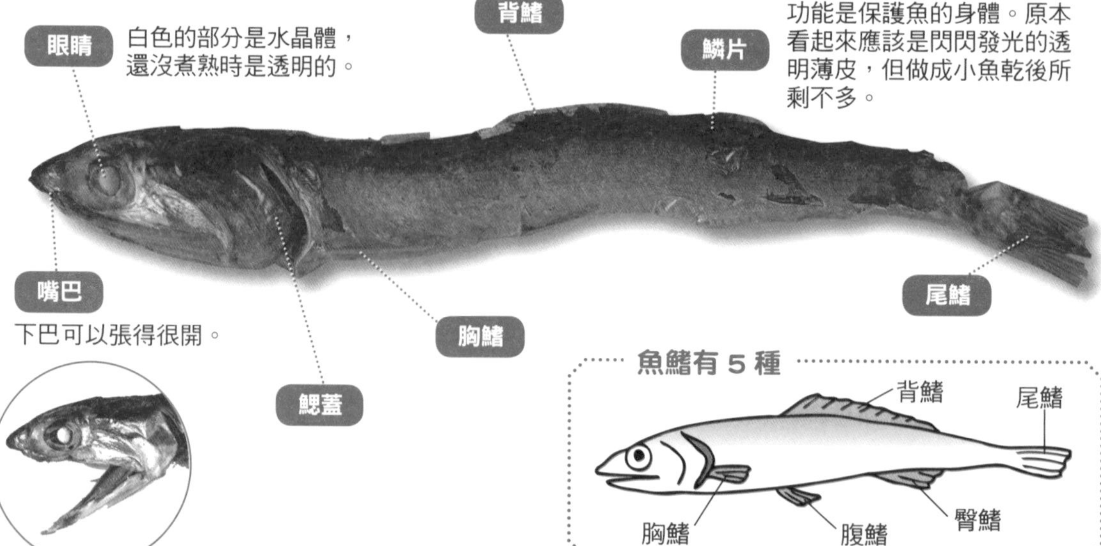

2 解剖並觀察身體內部

● **準備材料** 小魚乾（鯷魚或丁香魚都可以）、白紙、放大鏡、鑷子（或牙籤）

把魚乾放在白紙上，更能看清解剖時掉落的東西。

1. 首先，將魚頭和身體分開。
2. 用指甲壓住魚頭上方正中央位置，分成兩半。
3. 用指甲壓住背部正中央位置，將身體分成兩半。

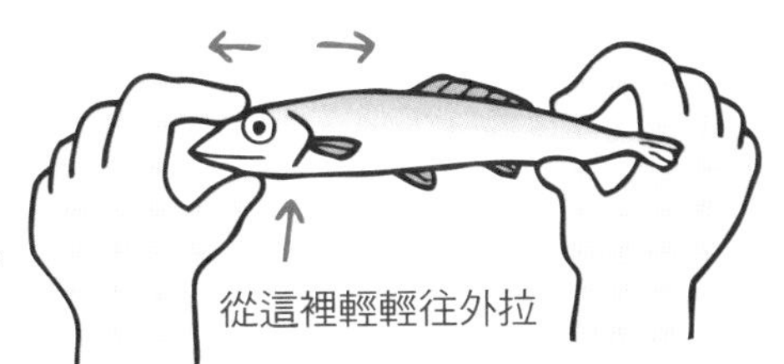

從這裡輕輕往外拉

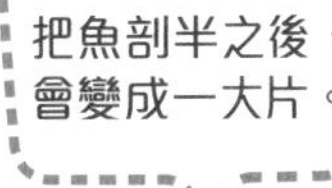

把魚剖半之後，會變成一大片。

頭部

水晶體

眼睛內側

頭蓋骨

鰓耙

主要功能是用來過濾水中的細餌

腮

腦 呈淡咖啡色，觸感軟軟的

耳石

很像白芝麻，左右各一，負責運動平衡及聽覺

腮
腮耙

心臟

黑色的三角形。取下魚頭時，會一起被拉出來

心臟會隨著血液顏色的變化而慢慢變黑。

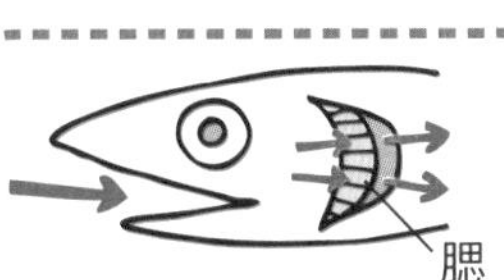

腮

魚不是用肺呼吸，而是用腮。魚腮裡有血管通過，所以能吸取水中氧氣。

身體

魚骨

肌肉

內臟 消化食物的地方。魚跟人一樣，也有胃、肝臟和腸子等器官

觀察完之後，就可以煮來吃囉！

3 探索眼前的生物與大自然

解開眼睛的祕密

超有趣的視覺實驗

人都只有一個鼻子、一個嘴巴，
但眼睛卻有兩個，有沒有想過為什麼啊？
這其中可是有著深奧的道理，
就用實驗來解開眼睛的祕密吧！

閉起一隻眼睛後，手有沒有辦法直接指到桌上的硬幣呢？
為什麼呢？
咦，都差一點點。
10

※ 這個章節裡的實驗，每個人做的結果都會不太一樣。就算做不到，也不用太在意。

1 蓋不上的筆蓋

● **準備材料**　鉛筆、筆蓋

1. 用一隻手拿鉛筆，一隻手拿筆蓋，雙手分開比臉還寬。
2. 一隻眼睛閉起來，雙手慢慢靠近，嘗試把筆蓋蓋到鉛筆上。發現了嗎？鉛筆跟筆蓋總是對不準。

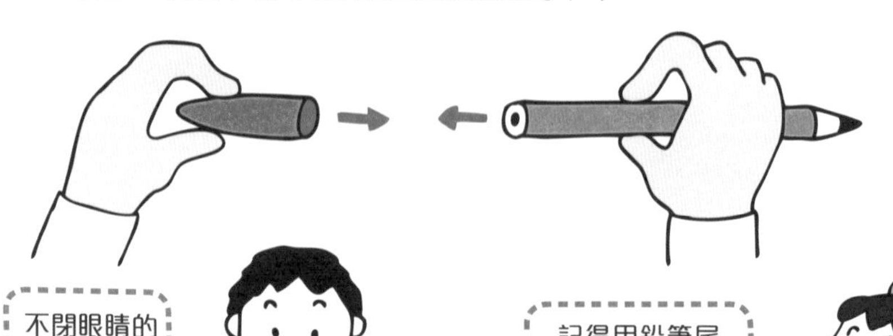

不閉眼睛的話，一下子就成功了！
記得用鉛筆尾端，筆尖會很危險！

人類要用雙眼才能準確測量眼前事物的距離。只用一隻眼睛看的話，很難抓出距離感。

2 手指之間的小香腸

1 先將兩隻手的食指連起來。

2 一邊看著比手指還遠的地方，一邊慢慢將手靠近自己的臉。就會發現兩根手指中間，似乎夾了一根小香腸。

這是因為手指靠臉太近，左右眼看到的影像重疊。

3 手掌有個洞

● **準備材料** A4 紙張

1 把紙捲成圓筒狀。

2 把紙筒放在一邊的眼睛上，另一邊的眼睛用手掌遮住。

3 將遮住眼睛的手慢慢往前平移出去，就會發現手掌破了一個洞，還能看到遠方的景色呢！

這也是因為左右眼的影像重疊嗎？

左眼右眼看東西的方式一樣嗎？

人的左眼與右眼，相差大約有 6cm。試試看一邊看著自己的食指，一邊輪流閉上左右眼，就會發現左右眼看到的影像位置不太一樣。

這是因為左右眼接收的影像不同。距離愈近落差愈大，距離愈遠落差就愈小。大腦會藉由這樣的落差計算出眼前所見物品的大致距離。

3 探索眼前的生物與大自然

產生錯覺的靈異現象

飄浮骰子

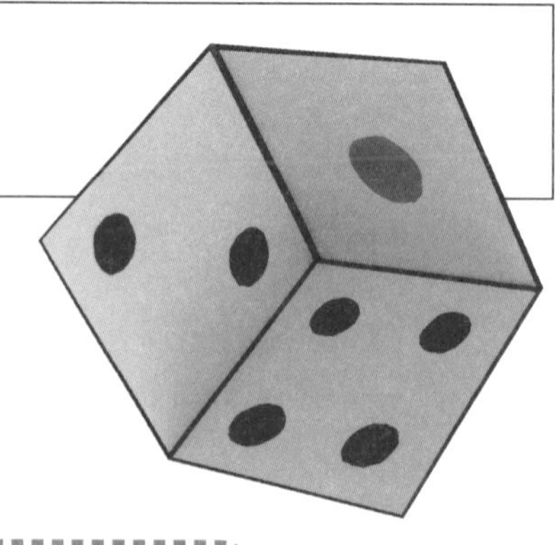

這顆骰子看起來有點怪怪的，
但是到底是哪裡奇怪啊？
明明是紙做的立方體居然會動，
還好像是漂浮在半空中的樣子耶！
猛然一看，還以為是靈異現象！

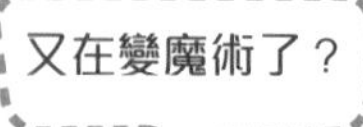

又在變魔術了？

這可是障眼法喔！
フワ
フワ

骰子居然能浮在半空中！

1 製作骰子

● **準備材料** B5 厚紙板、黑色與紅色的麥克筆、剪刀、透明膠帶

1 參考右圖在厚紙板上畫上骰子，並剪下來。

2 塗上——通通要往內折。將預留的黏貼處貼在圖上 A 的內側，做成內凹的骰子。

3 將裁成 7cmX7cm 的厚紙板，縱向對折成紙棒。其中一端剪開約 1cm，方便黏貼在骰子後側（沒點數的那面）。

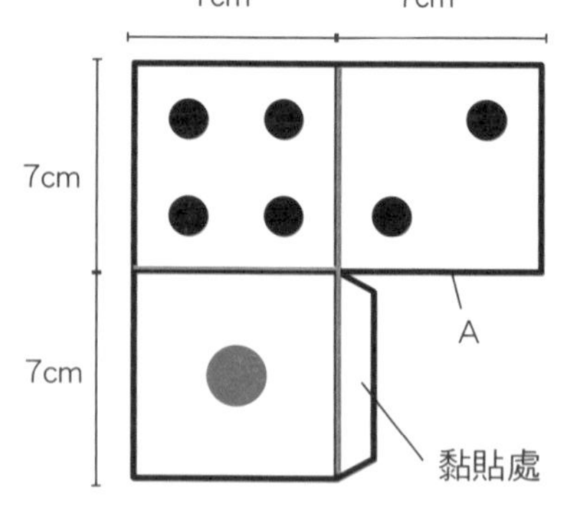

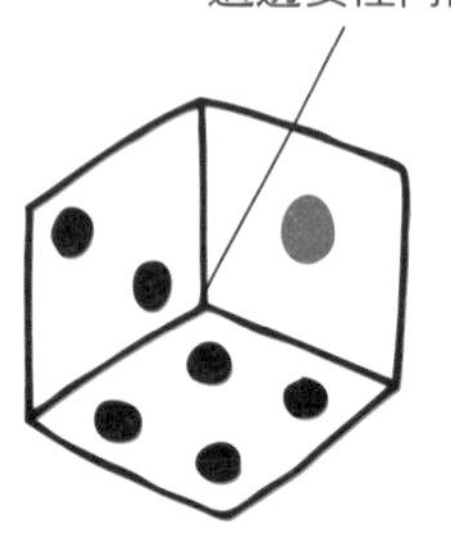

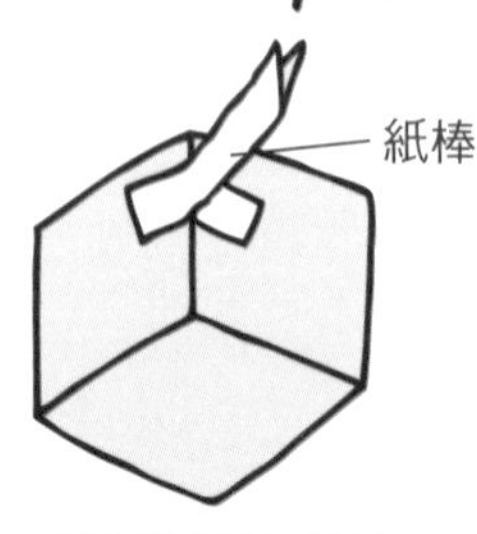

從後面看的樣子

2 觀察骰子

1 把骰子放在桌上，稍微站遠一點之後，從正面看骰子。會發現原本應該內凹的中心角，居然凸出來了，看起來變得很立體。

2 慢慢移動原本視線，變換各種角度，有發現骰子居然跟著自己跑嗎？

這跟普通的骰子不一樣，居然凹進去了。

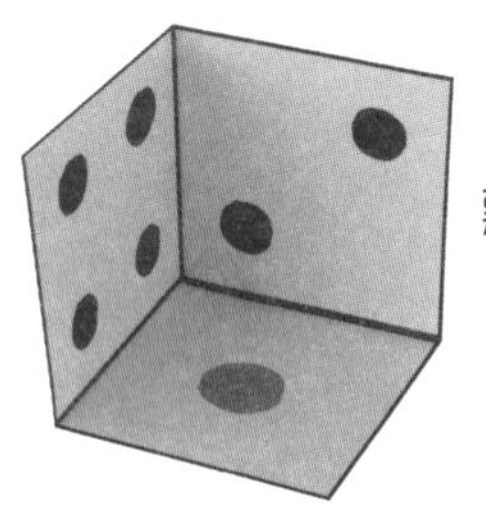

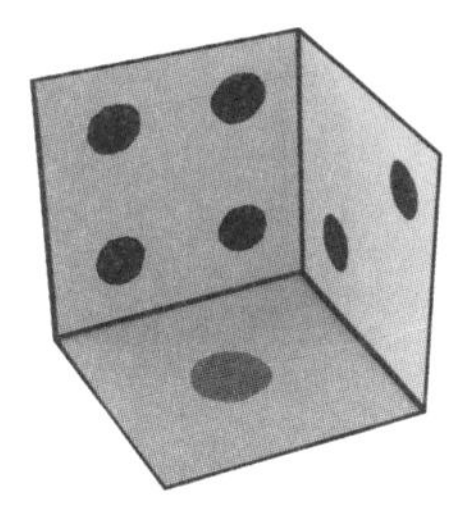

好奇怪喔！

3 骰子魔術師

參考右圖用雙手大拇指根部，夾住骰子內側的紙棒。
雙手手掌張開，對著觀眾左右移動，會讓骰子看起來好像浮在半空中。

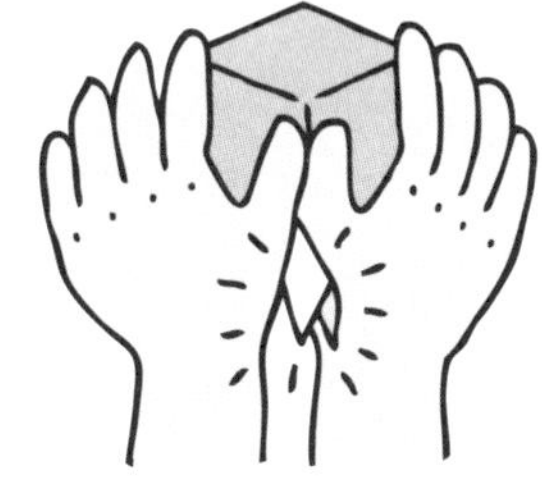

紙棒要夾好，不要讓觀眾看到。

浮起來啦！

為什麼骰子像飄浮在空中？

這是因為「骰子的邊角應該是凸出去」的想法，讓眼睛產生錯覺。但實際上骰子是凹進去的，而且還朝與自己所想的相反方向移動，進而看起來就像飄浮在空中。

表演給朋友看，讓他們嚇一跳吧！

用模型來體驗

觀察月亮

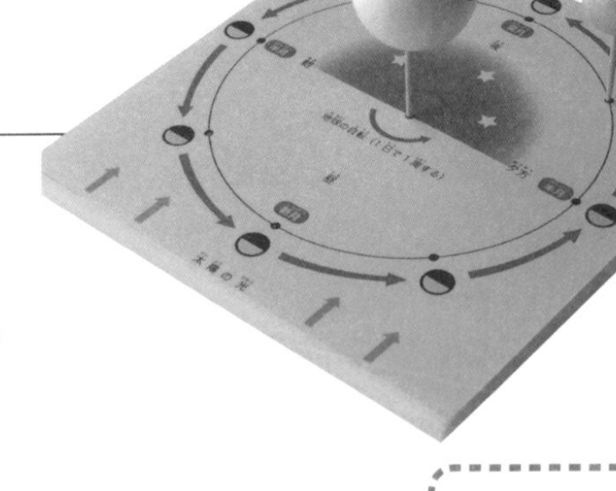

從這邊看得到月亮，從那邊也可以。
不過，月亮的形狀會有所不同，
隨著季節與時間改變，會出現許多差異。
這其中到底有什麼規則呢？
做個模型來實際觀察一下吧！

明明月亮只有一個，為什麼看起來形狀都不一樣呢？
我也有在白天看過月亮。

這些問題就用這個模型來解答吧！

學校教過的事

為什麼月亮的形狀會改變？

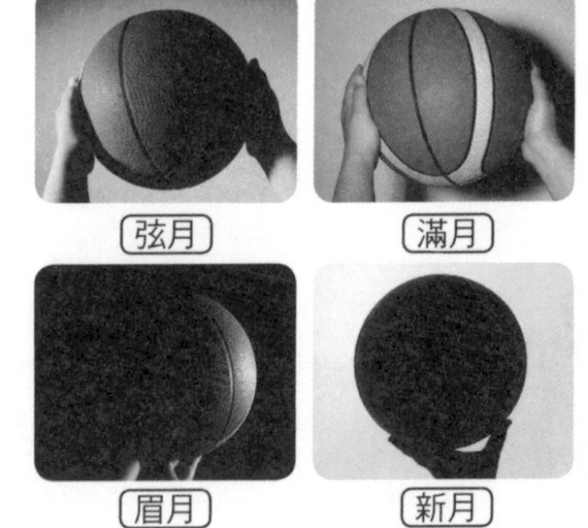

實驗

1. 把房間的燈關掉，將手電筒放在側邊。
2. 手拿一顆球旋轉。
3. 球體光亮處會有所變化。

結論

- 月亮形狀會隨著光線的反射有所改變。

將手電筒當成太陽，球當成月亮。月亮被太陽照射到的部分會發亮。月亮繞著地球轉一圈，大約需要 1 個月的時間。因此，從地球的角度來看，太陽和月亮相對位置改變時，月亮的形狀也會因此改變。傳治郎老師的實驗就是使用模型，讓大家更解月亮形狀與所在位置的關係。

1 製作月亮運轉的體驗裝置

● **準備材料** 約 18cmX18cm 的風扣板（或瓦楞紙）2 片、保麗龍球（直徑 40mm 顆、直徑 20mm 各 1 顆）、A4 影印紙 1 張、牙籤 2 根、圖釘 1 個、麥克筆（黑色與黃色）、美工刀、剪刀

1. 將 2 片風扣板（或厚紙板）疊在一起。
2. 將 P.96 的圖放大影印，剪下來貼在 1 上。
3. 做月亮模型。將小保麗龍球用黑色跟黃色麥克筆各塗半邊，再用牙籤插入保麗龍球正中央（參考圖Ⅰ）。
4. 做地球模型。在大保麗龍球正中央插入牙籤，並將圖釘釘在右上方位置（參考圖Ⅱ）。
5. 將地球固定在 2 正中央的「•」位置。

【圖Ⅰ】

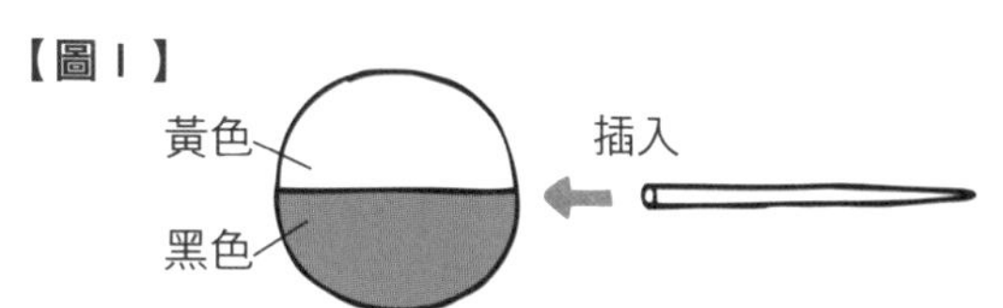

【圖Ⅱ】

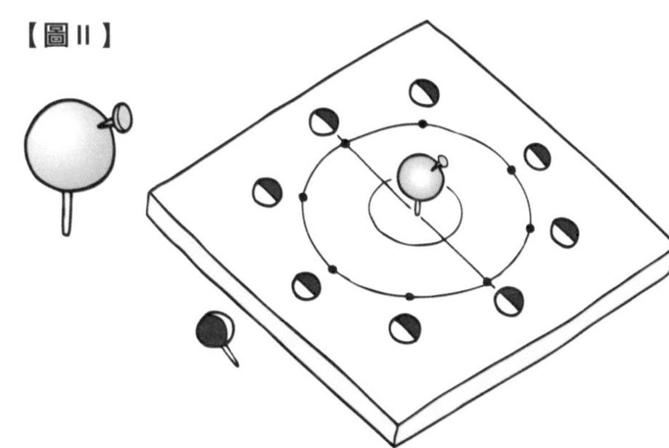

2 體驗月亮的運轉

1. 在模型版上選擇月亮形狀（滿月、弦月、新月），把月亮插在印有「•」的位置。黑色與黃色的方向，要與圖上標示一致。
2. 將地球上的圖釘轉向自己。月亮上黑色部分就是沒照到太陽，眼睛看不到的地方。
3. 將地球慢慢以逆時針的方向轉動，並從圖釘的位置來觀察月亮運轉的情形。

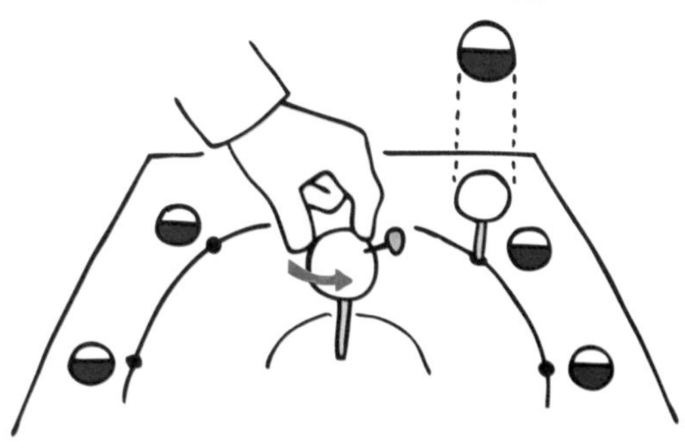

就圖釘位置而言，上是北方、下是南方、左是東方、右是西方。

變化一下月亮的位置吧。如此一來，就能明白，當月亮形狀改變，升起跟落下的時間也會不一樣。

3 探索眼前的生物與大自然

下一頁還有喔

為什麼月亮位置會改變呢？

當月亮繞著地球轉時，地球上的人看得到月亮的時間與方位也會跟著改變。再加上地球自轉，所以月亮升起與落下的方位，每天都不一樣。

■看得到月亮的時間跟方位

新月（看不到）	與太陽一樣早上從東方升起，傍晚從西方落下
弦月（上弦月）	中午時從東方升起，半夜從西方落下
滿月	傍晚時從東方升起，清晨從西方落下
弦月（下弦月）	半夜時從東方升起，中午從西方落下

▼ P.95 實驗用圖（以 120%倍率影印）

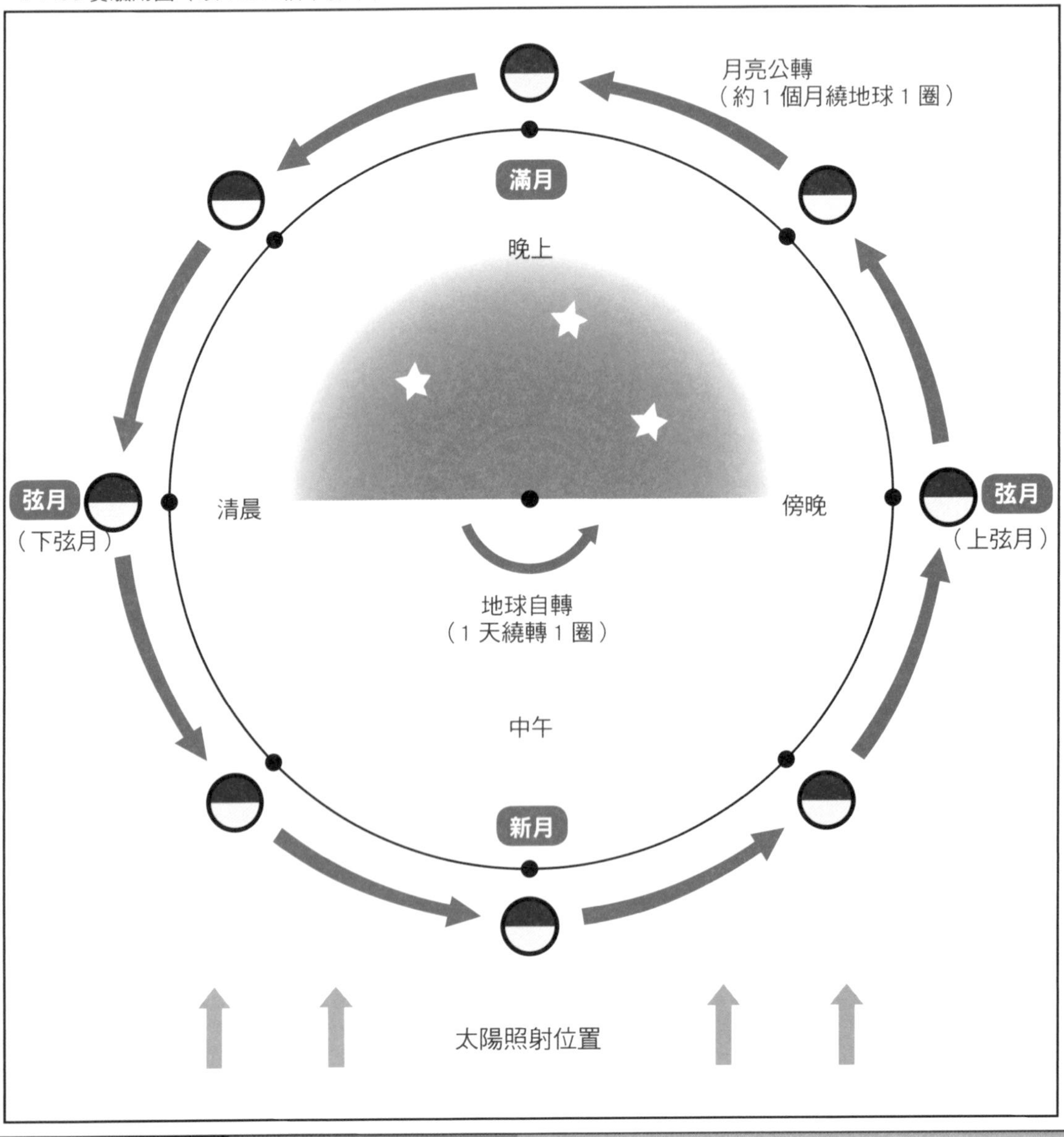

3 觀察月亮的大小

剛從東邊升起的滿月，看起來大得嚇人。隨著觀看位置的高低不同，月亮的大小狀也會跟著改變。一起來觀察看看吧。

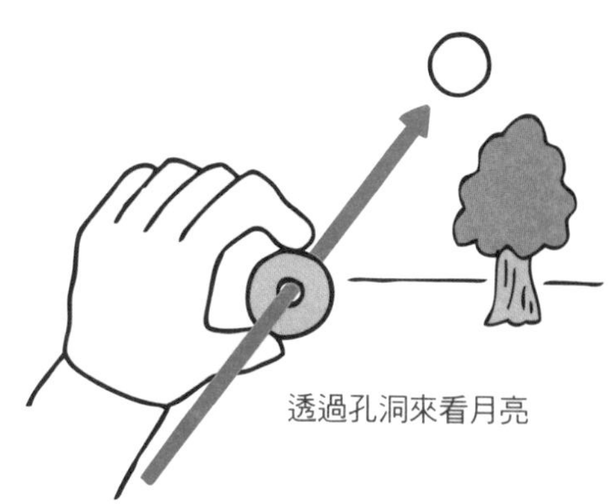
透過孔洞來看月亮

● **準備材料**　金屬墊片環（中間孔洞不要太大）

1 滿月那天觀察剛升起的月亮。單手拿著墊片環，伸直手臂，並將中間的孔洞對準月亮。洞會看起來跟月亮一樣大。

2 稍候一段時間，等月亮升高後，一樣的位置，再看一次。洞孔與月亮的大小有沒有任何改變呢？

⚠ 晚上到外面觀察月亮時，要跟大人一起出門喔。

為什麼月亮大小會改變？

無論月亮位置是高是低，洞孔與月亮的大小都不會有任何改變。剛升起的滿月看起來很大，相比之下，跟墊片的洞孔其實差不多。月亮大小的改變，是眼睛的錯覺。至於，為什麼會產生如此錯覺，目前還沒有人可以解釋其中道理。

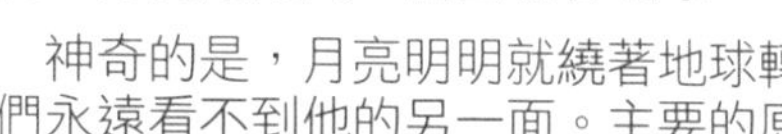

披著神祕面紗的月亮

滿月時，月亮的表面有些地方看起來黑黑的，有些看起來白白的，神話故事說的玉兔搗藥，就是這樣來的。不過，不管什麼時候看，月亮的模樣都不會有任何改變。換句話說，月亮是用同一個面朝著地球。。

神奇的是，月亮明明就繞著地球轉，但我們永遠看不到他的另一面。主要的原因是月亮和地球一樣都會自轉，而且月亮繞著地球轉和本身自轉的時間是一致的。

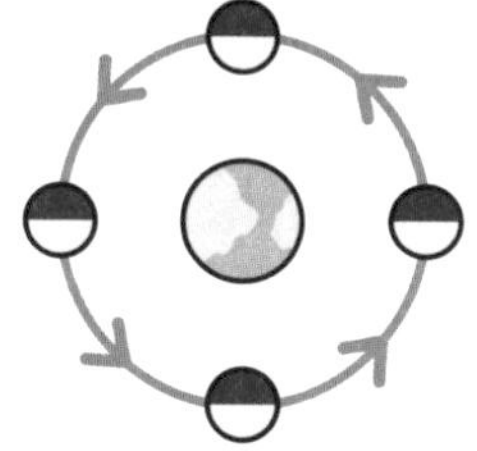
月亮不自轉的話，就能從地球看到月亮的另一面。

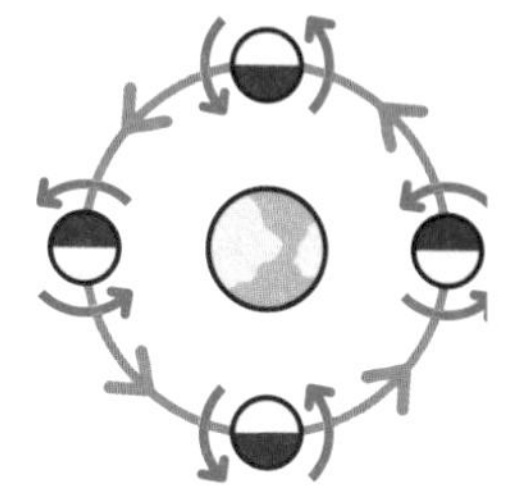
月亮本身會自轉，所以從地球上看到的都是同一面。

「為什麼？」專欄 4

為什麼一到秋天，就有樹會變色？

一到了秋天，樹上的葉子就會變成紅色或金黃色，看起來真的很漂亮。但有些樹木的葉子，還是維持原本的綠色。所以啊，並不是所有樹木的葉子都會變色的。

楓樹、櫻花樹、銀杏樹等，這類一到秋天，葉子就會開始變色、凋落的樹木就叫做「落葉植物」。而像松樹、杉樹等，這類葉子不只秋天，連冬天都還是綠油油的樹木，則被稱為「常綠植物」。

樹葉的主要功能是進行光合作用，來製造養分。到了秋冬時節，氣溫明顯下降，陽光也跟著減弱，就沒辦法順利製造養分了。

為了避免浪費多餘的能量，葉子的根部會形成一層膜，以致葉子無法獲得養分，走向掉落的命運。

缺乏養分會讓葉子的綠色部分（葉綠素）消失，而本來就存在的黃色色素──「類胡蘿蔔素」便會在這個時候跑出來。這就是銀杏樹的葉子會變黃的原因。此外，有些樹木只要晒到太陽，就會產生名為「花色素苷」的紅色色素。楓樹的葉子會變紅，就是因為花色素苷所造成。

無論如何，樹木的葉子變紅或變黃，都表示樹木正在為過冬做準備。

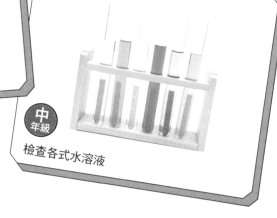

瞬大眼睛看
觀察物質的變化！

燒看看！溶看看！

從鹽水中取出鹽巴

高年級

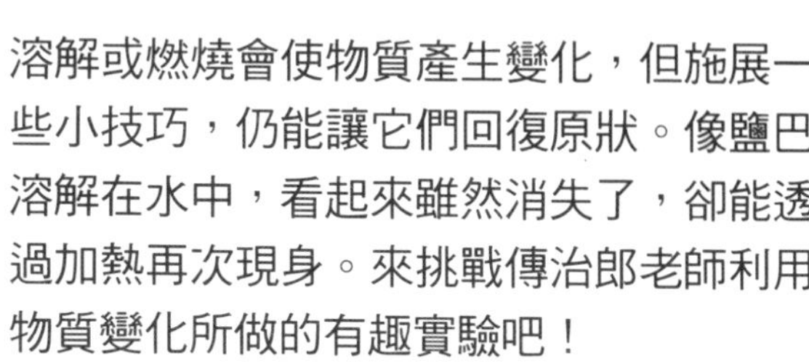

檢查各式水溶液

中年級

溶解或燃燒會使物質產生變化，但施展一些小技巧，仍能讓它們回復原狀。像鹽巴溶解在水中，看起來雖然消失了，卻能透過加熱再次現身。來挑戰傳治郎老師利用物質變化所做的有趣實驗吧！

兩杯都是透明的

分辨純水與鹽水的方法

純水跟鹽水都是透明無色的，
不喝一口，就不能分辨出來嗎？
趕緊透過實驗來選看看吧！

有哪些不喝就能分辨鹽水與純水的方法？

上次那個把鹽巴放進冰塊裡的實驗啊！用冰塊可以嗎？
還是要不要用光照照看，然後……

1 動手來驗證看看吧

【滴水測試】

● **準備材料** 純水、鹽水（100ml 的水中加入 20g 鹽巴，其他實驗的鹽水也比照辦理）、玻璃杯 2 個、湯匙（也可以用滴管）

1. 將純水與鹽水各自倒入杯中，用湯匙舀起一匙純水。
2. 將純水各滴一滴到杯中，並仔細觀察後續變化。

這杯似乎沒什麼變化耶。

咦，這杯看起來有點霧霧的。

【加冰測試】

● **準備材料** 純水、鹽水、玻璃杯 2 個、冰塊、溫度計

1. 在裝純水與裝鹽水的杯子裡，分別放入幾顆冰塊。
2. 仔細攪拌之後，測量杯子的溫度。

這杯接近 0°C。

這杯 0°C 以下耶。

【浮蛋測試】

● **準備材料**　生雞蛋 2 顆、純水、鹽水、玻璃杯 2 個

1 在裝純水與裝鹽水的杯子裡，分別放入生雞蛋。

2 觀察雞蛋在水中的位置。

鹽水中再加鹽巴，會有什麼結果呢？

【火烤測試】

● **準備材料**　純水與鹽水各 2 大匙、小鍋子或平底鍋（鍋子內側最好是黑色的）

1 先後將純水與鹽水倒入鍋中，並開小火加熱。

2 一直加熱到水分蒸發掉，觀察鍋子裡有什麼東西。

啊！這鍋有一顆一顆白白的。

這個鍋裡什麼都沒有。

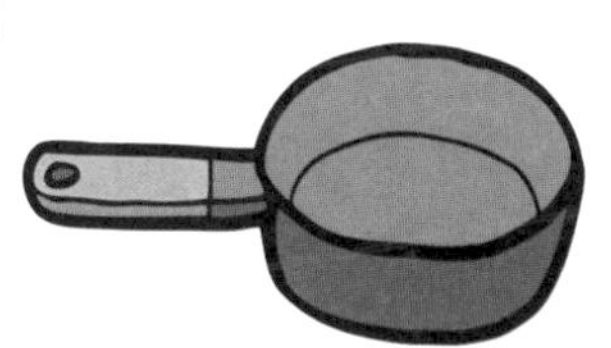

哪杯純水？哪杯鹽水？

水滴　**看起來有點霧霧的是「鹽水」**

光通過物體時，會在交界線上產生角度的偏移，這就是所謂的「折射」。鹽水的折射率大於純水，會在純水跟鹽水的交接處產生折射，因此看起來會霧霧的。

冰　**溫度較低的是「鹽水」**

冰塊融化時，周遭溫度會跟著降低。鹽巴則會加快冰塊融化的速度。所以加了鹽巴的那杯，溫度會比較低。

★也可以參考 P.44 ～ P.45 的實驗喔！

蛋　**會浮起來的是「鹽水」**

雞蛋的比重比鹽水小，但比水大。因此，放在鹽水裡的蛋會浮起來。「比重」就是在體積相同時，重量間的差異。

火　**留下白色顆粒的是「鹽水」**

殘留的白色顆粒就是鹽。當水沸騰到 100°C 時，水會開始蒸發，不過鹽巴要到 800°C 才溶化，到 1400°C 才會蒸發，因此加熱後會留下白色顆粒。

再來找找看有沒有其他辨識方法吧！

閃閃發亮真美麗

來製作鹽巴結晶

烹調時經常使用到的鹽巴，
湊近一看，會發現每顆都閃閃發亮，
這些顆粒其實就是「結晶」。
那自己也能做出鹽巴的結晶嗎？

我們也能做出這種結晶嗎？
用兩個放大鏡重疊看，會更清楚喔。
哇，太美了啦！

學校教過的事

如何取出溶在水裡的鹽巴？

實驗

1. 將食鹽水倒入寬口淺身的容器裡。
2. 將容器放到通風良好、日曬充足的地方。
3. 待水分蒸發，容器裡就會出現鹽巴顆粒。

結論

- 食鹽水的水分蒸發後，原本溶在水裡的鹽巴就會現身了。

水在常溫狀態下也會蒸發，但鹽巴要到 1400°C才會蒸發。因此，水分全部蒸發後，會剩下鹽巴。傳治郎老師的實驗會先將高濃度食鹽水加熱後，再慢慢冷卻，這樣一來，就會產生又大又美的鹽巴結晶。

1 製作小顆鹽巴結晶

● **準備材料** 鹽 40g、水 100ml、鍋子、廚房餐巾紙、玻璃杯 1 個、保鮮膜、手電筒、放大鏡

1. 先將 100ml 的水倒進鍋中煮沸。接著，倒入鹽巴繼續加熱，並持續添加到出現鹽巴沉澱。
2. 鹽巴完全溶解後再關火。冷卻一陣子，等到沒那麼燙，用餐巾紙過濾至杯中。接著，包上保鮮膜放涼。

⚠ 將熱食鹽水倒入玻璃杯時，杯子可能會破掉。所以，要等涼一點再倒。

當一定水量無法藉由加熱溶解更多的鹽巴時，就形成了「飽和水溶液」。

3. 等食鹽水完全冷卻，水裡就會出現閃亮鹽巴結晶。把房間的燈關掉，將手電筒放在杯子側邊照射，再用放大鏡仔細觀察。
4. 再過半天，杯子底部也會出現小小的鹽巴結晶。

※ 這個結晶在實驗 2 也用得到。

2 製作大顆鹽巴結晶

● **準備材料** 飽和食鹽水（用實驗 1 的 1 2 方法製作）、釣魚線（天蠶魚線）30cm 左右、強力膠、玻璃杯 1 個、木筷 1 雙、保鮮膜

1. 從實驗 1 的小結晶裡挑一顆最漂亮的，再用強力膠黏在釣線的一端。
2. 將 1 放入裝了飽和食鹽水的杯子裡，調整釣線長度，讓結晶懸在水中，避免接觸杯底，並將釣線綁在木筷上。
3. 杯子蓋上保鮮膜後，靜置在太陽不會直射的地方。
4. 每天測量並記錄結晶的大小變化。幾個月後，就會變成 2cm 大的骰子狀結晶了。

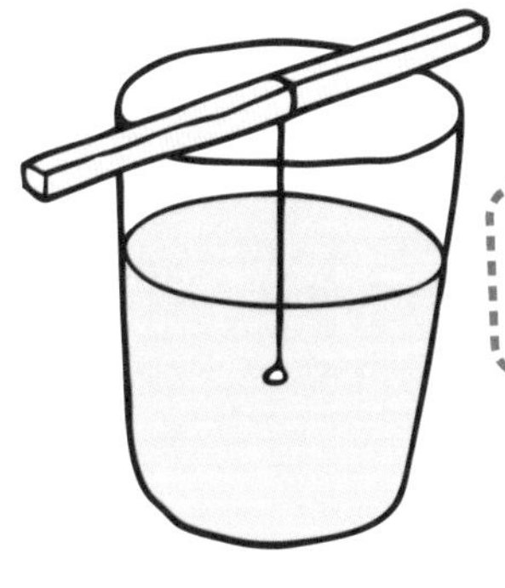

實驗的最大樂趣，就是看著結晶一天一天的長大。

●做出美麗結晶的訣竅

■檢查杯子或釣線有沒有髒汙。

■將杯子放進保冷箱中靜置，也可以利用緩慢冷卻的方式製造結晶。如果不順利的話，檢查一下是否出現過於急速的溫度變化。

香甜好吃的古早味零食

動手做膨糖（椪糖）

大家吃過口感酥脆的膨糖嗎？
酥脆的祕密就是來自膨脹的外皮。
要如何才能讓糖膨脹起來呢？
趕緊在家實驗看看吧！

我第一次吃這個耶！
我也是。
嗯～懷念的好滋味！
這膨膨的外皮就是好吃的訣竅喔！

1 製作膨糖

● **準備材料** 蛋白少許（約一顆蛋的分量）、普通砂糖一撮、小蘇打粉（可食用）1～2g、二號砂糖（也可以用細白糖）2 大匙、水約 1 大匙、大湯勺（請準備燒焦也無所謂的勺子）、木筷、抹布、溫度計（如果有的話）

1. 將蛋白、普通砂糖、小蘇打粉倒在一起，均勻攪拌。
2. 將水與二號砂糖倒入湯勺，開中火慢慢加熱。
3. 邊加熱邊用木筷攪拌，等二號砂糖溶化、沸騰轉小火。
4. 當冒出大量泡泡，感覺濃稠時，就量一下溫度。約達 130°C、開始變色時，就可以停止加熱，放在溼抹布上。

※ 沒有溫度計的話，就等二號砂糖完全溶化，而且不斷冒泡，就可以停止加熱了。

◀小蘇打粉的分量，以與蛋白攪拌後呈現冰沙狀為基準。

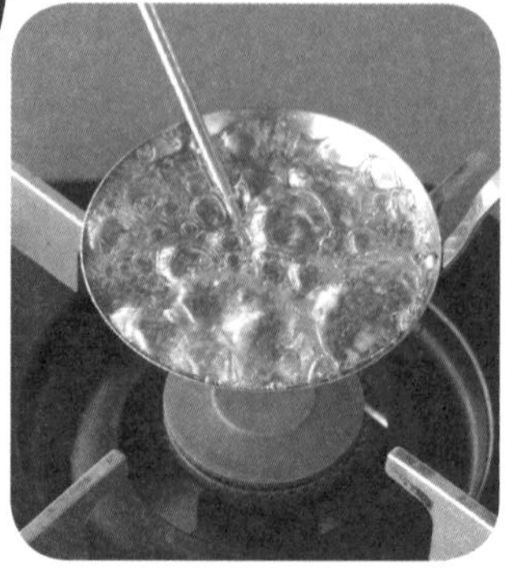

▶加熱到冒出許多大泡泡，就可以拿下來放在溼抹布上了。

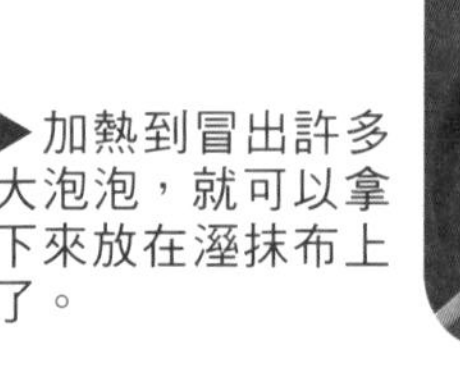

5 在溼抹布上冷卻約 20 秒。等待冷卻的時間，先用木筷沾約 1/3 的**1**。

6 待泡泡稍微消失，就將沾了**1**的筷子放進湯勺裡，快速攪拌 20 下。

7 攪拌到開始變白凝固時，就把筷子拿開。靜置一段時間後，就會慢慢膨脹。

8 完全凝固後，再用火稍微烤一下，讓底部溶解後，就能把膨糖從湯勺上取下。完成！

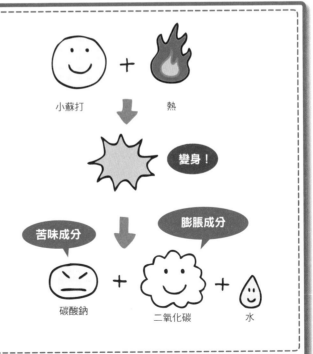

做得好的話，會膨脹到跟湯勺一樣大喔。

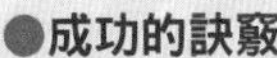

●成功的訣竅

■湯勺從爐火中移開的時間點是關鍵。多試幾次，就能找出最佳時機。

■溶化二號砂糖時，如果不小心燒焦，可能是火開太大了。

為什麼膨糖會膨脹？

膨糖膨脹是因為小蘇打粉遇熱分解，而釋放出二氧化碳。

小蘇打粉的學名是「碳酸氫鈉」，遇熱會分解成碳酸鈉、二氧化碳與水。其中，二氧化碳會讓糖漿開始膨脹。做甜點時使用到的「泡打粉」，也是利用相同原理，讓麵糰膨脹起來。

另外，膨糖的口感與滋味，也是受到碳酸納的影響。因為碳酸鈉的味道是苦的，所以膨糖吃起來也有苦味。

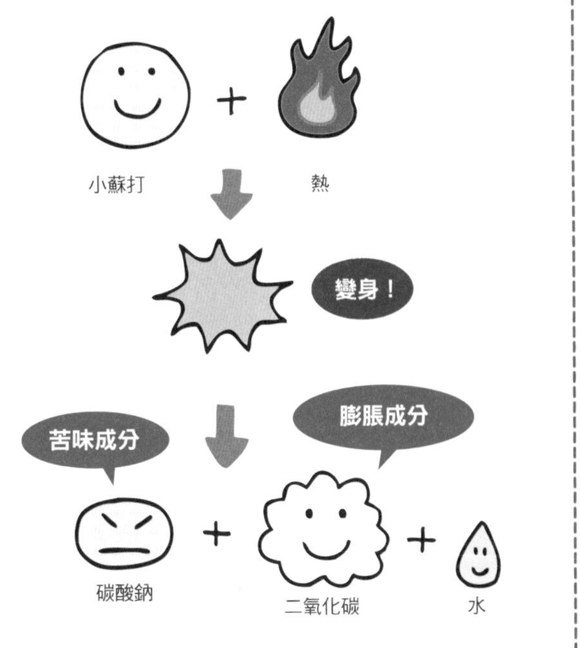

浴室裡都是泡泡

來做泡泡入浴劑

只要放進浴缸裡，
就會冒出好多泡泡的入浴劑，
居然也可以自己動手做！

太舒服了！這入浴劑泡起來真是舒服。

會不會太多泡泡了啊！
這入浴劑也太強了吧！

1 製作泡泡入浴劑

● **準備材料** 小蘇打粉 50g、檸檬酸 25g、水少許、大碗公、做果凍的模型、噴霧器

1 將小蘇打粉與檸檬酸倒入大碗公內，攪拌均勻。

2 一邊用噴霧器慢慢地加水，一邊用手揉捏到凝固。

水加太多的話，泡泡就會溢出來。千萬要小心！

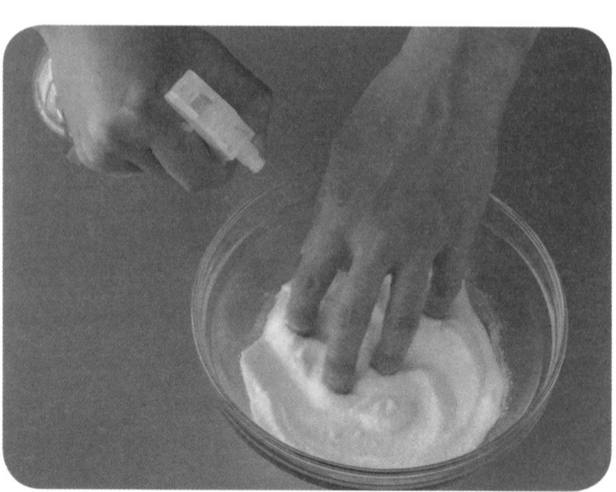

3 把**2**搓成圓球體後，放入模型塑形，靜置一天風乾，完全乾燥後就完成了。

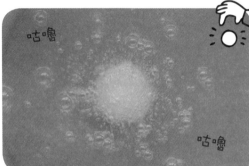

一直乾不了的話，可以放進冰箱裡冰喔！

2 放進浴缸冒泡泡囉！

把入浴劑丟進浴缸裡吧！
哇！冒出好多泡泡唷！

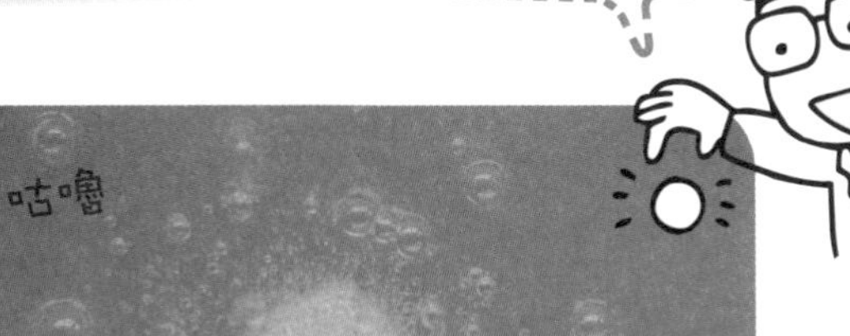
咕嚕
咕嚕

好神奇喔！為什麼會有泡泡跑出來啊？

解說

將入浴劑丟進浴缸，為什麼會有泡泡冒出來？

把入浴劑丟進浴缸之後，為什麼會冒出這麼多的泡泡啊？

泡泡的真面目就是「二氧化碳」。跟很多人喜歡喝的汽水裡的泡泡，是一樣的成分。

入浴劑材料中的小蘇打粉與檸檬酸混合之後，就會產生二氧化碳。因此，一放進浴缸裡，小蘇打粉與檸檬酸就會產生反應，而開始冒出許多泡泡。

空氣裡，也含有二氧化碳，好比乾冰就是將二氧化碳固體化的產物。

3 打造專屬的泡泡入浴劑

來做擁有可愛造型或迷人香氣的入浴劑吧！

在實驗 1 的步驟**3**時，改使用果凍模型塑形。找一些造型比較特別的，就能製造出各式不同的入浴劑了。

在實驗 1 的步驟**1**時，添加喜歡的精油或乾燥香草，就能增添香味，製成香噴噴的入浴劑喔。

靠什麼動力前進的呀？

樟腦碰碰船

「樟腦」是防止衣物被蟲蛀咬的驅蟲劑，
聞過的人都知道樟腦的味道有點獨特。
現在就用樟腦來做一艘會往前進的船吧！

咦？為什麼
會動啊？

不需要引擎，不
用手推，船就會
動喔！

1 來做樟腦船

● **準備材料** 風扣板或 PVC 發泡板（5cmX10cm）、塑膠板（4cmX2cm）、防水膠袋、牙籤、雙面膠、樟腦 1 個、美工刀、剪刀、鐵鎚
※ 也可以用保麗龍容器來代替風扣板

1 用美工刀將風扣板或 PVC 發泡板切割出船的形狀（參考圖 I），並將船尾割下一小片，方便放置樟腦。

2 用防水布膠帶跟牙籤做成的旗子（參考圖 II），插在 **1** 的船上。

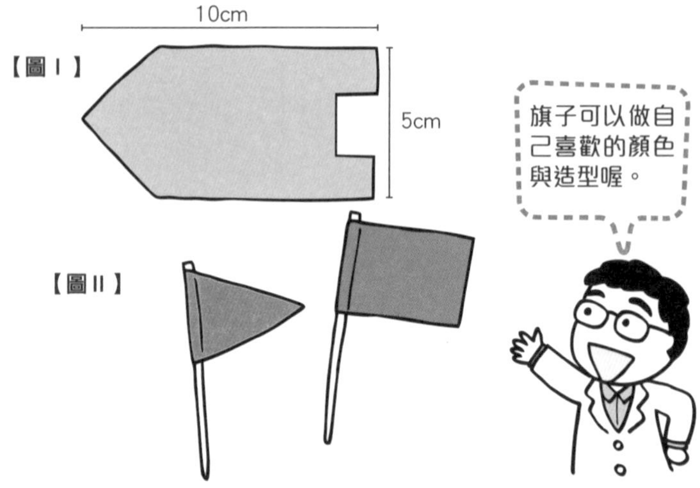
10cm
【圖 I】
5cm
【圖 II】
旗子可以做自
己喜歡的顏色
與造型喔。

3 在塑膠板上畫上兩道切痕，並在船尾下側貼上雙面膠（如右圖所示），把塑膠板固定在船尾。

4 用鐵鎚將樟腦敲成約 5mm 大小的正方形後，放入塑膠板的兩道切痕中。

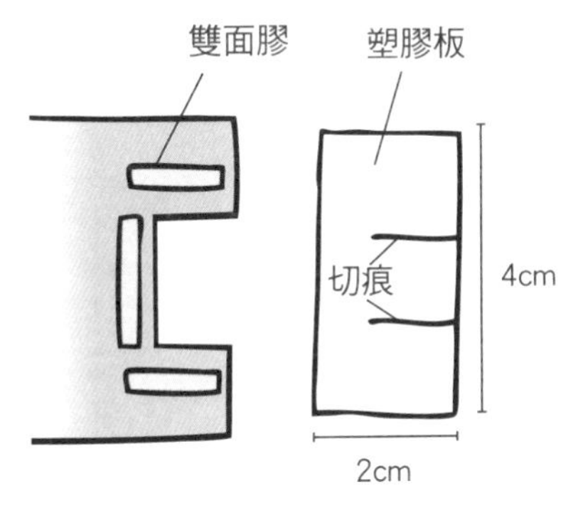

⚠ 樟腦千萬別碰到嘴巴，沾到手的話，也一定要立刻洗手。

2 讓船浮在水面上

把浴缸、塑膠游泳池或大臉盆裝滿水，再放進樟腦船。船尾的樟腦一碰到水，船就會開始前進了。
水太髒的話，船就動不了。這時候可以換水，或增加樟腦的分量喔。

解說 為什麼船會前進呢？

樟腦在水中溶解，就會削弱表面張力。表面張力是水分子互相抗衡所產生的。將船放到水面上時，會因為表面張力互相抗衡，導致船靜止不動。

將船尾夾有樟腦的船放進水裡，樟腦一溶於水，就會削弱拉住小船後方的力量。因此，船就會開始向前進。

其實，不只是樟腦，肥皂與洗髮精都可以削弱表面張力。

沒有放樟腦時

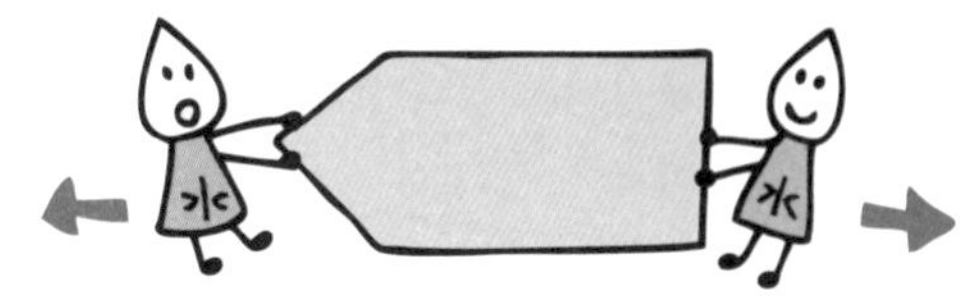

船尾放樟腦時

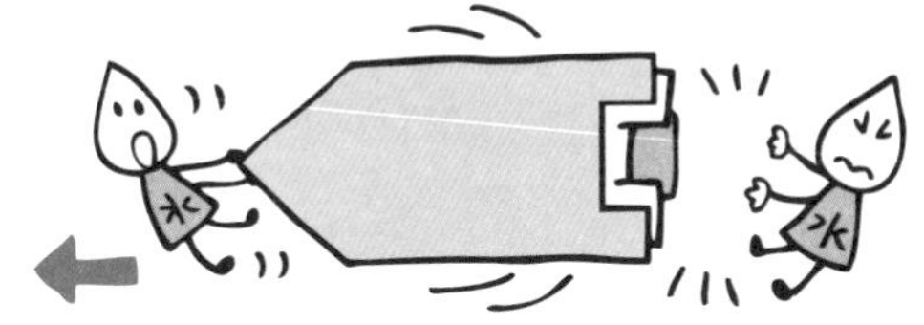

把手帕、絲巾染顏色

用洋蔥皮來紮染

做菜時，剩下的洋蔥皮只能丟掉嗎？
這可不一定，它可是非常好的紮染材料喔！

其實是用洋蔥做的唷！
哇，好漂亮喔！
這是怎麼做的呀？

1 用洋蔥皮來紮染

● **準備材料** 洋蔥皮（數量要與布料一致）、綿質手帕或白布、明礬粉、水、橡皮筋、鍋子、木筷、大碗公

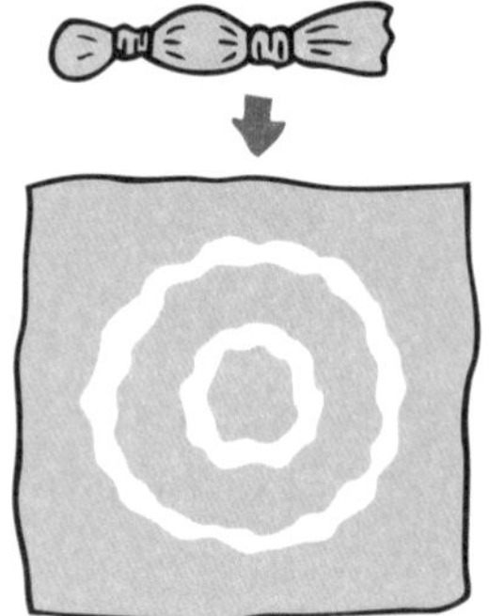

1. 為了方便上色，先將要染色的布泡水弄溼。不想染色的地方，就用橡皮筋綁緊。
2. 鍋子裝約半鍋的水，丟入洋蔥皮加熱。沸騰後轉小火，煮 10 分鐘後，洋蔥皮就會化掉。

布有上漿的話，會比較不好染。最好用清水仔細沖洗過再來使用。

原來如此！

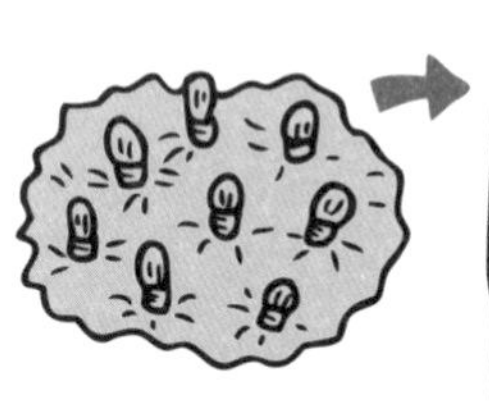

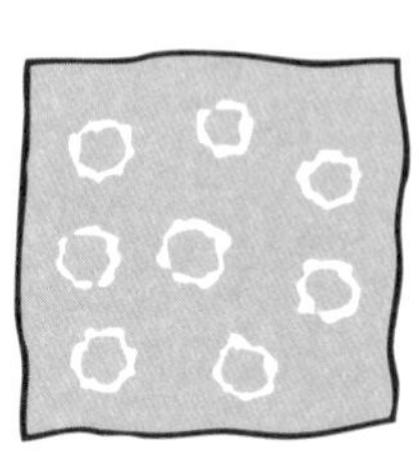

3 將**1**的布放入**2**的溶液裡一起加熱，沸騰後再轉小火加熱 10 分鐘。想要染得均勻，可以稍微用木筷攪拌一下。

4 以「100ml 水：5g 明礬粉」比例，調配出能浸泡整條布料的溶液（這就稱為媒染劑）。

5 將染布整個浸泡在**4**的媒染劑裡約 1 小時。若想染得均勻，可不時用木筷攪拌。

6 將布上的橡皮筋拆掉，並用清水沖洗到不會再掉色。如果想上色深一點，可以直接綁著橡皮筋用水沖洗，並不斷重複步驟**3**～**6**。

7 拿去戶外晒太陽，待染布全乾就完成囉！

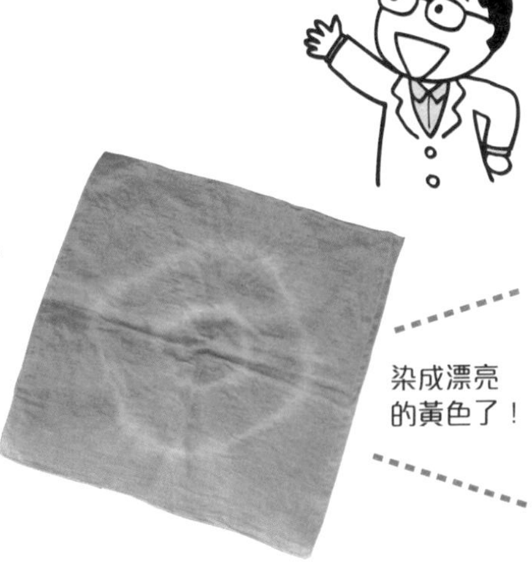

媒染劑是讓顏色固定在布料上的溶液。這其實也存在科學的祕密唷！
染成漂亮的黃色了！

為什麼洋蔥可以染色？

洋蔥外皮含有名為槲皮素（Quercetin）的成分，煮洋蔥皮時釋放出的槲皮素，會跑進布料纖維裡。不過，槲皮素容易溶於水，只要一水洗就會溶解出來，所以，需要明礬的幫忙。

加了明礬的媒染劑一進入含有槲皮素的布裡，就會讓槲皮素變成不易溶於水的物質。這樣一來，就能永久保存在染布的纖維裡，製作出美麗的紮染布。

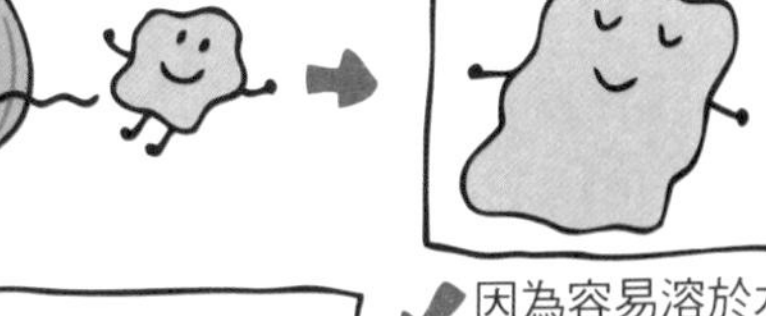

因為容易溶於水，所以一碰到水就會被洗掉。

明礬
定色在纖維中！

2 用鐵當媒染劑來染色

● **準備材料** 材料同實驗 **1**（不需準備明礬粉），但要額外準備 1kg 的鐵釘與 500ml 的醋

1 將 1kg 的鐵釘泡在溫水裡，拿到戶外放置一星期，直到鐵釘生鏽。

2 將生鏽的鐵釘與 500ml 的醋裝進密閉容器靜置一周。取上層、乾淨的醋做為媒染劑，就能達到實驗 **1** 的效果了。

除了明礬粉，也能用鐵製的媒染劑來定色。神奇的是，加了鐵製媒染劑，洋蔥皮居然會把布染成灰色的！

4 燒看看！溶看看！

為什麼熱牛奶上會有一層「膜」？

將牛奶放入鍋子或微波爐加熱過後，表面會出現一層白色的薄膜。這層薄膜到底是什麼玩意呢？

牛奶裡含有蛋白質、脂肪、乳糖等多種養分，其中，有些蛋白質只要受熱就會凝固。

牛奶加熱時，表面的水分會逐漸蒸發掉，剩下的蛋白質就會變的濃稠。當濃稠的蛋白質把脂肪、乳糖等物質包覆且凝固，就會形成液面上的薄膜。

換句話說，這層薄膜裡，可是藏有滿滿的牛奶營養喔。雖然這麼說沒錯，但還是有人很討厭這層膜吧，畢竟口感不是這麼順

如果不想要薄膜出現的話，不妨邊加熱邊慢慢地攪拌，那麼，就能避免薄膜的產生囉。

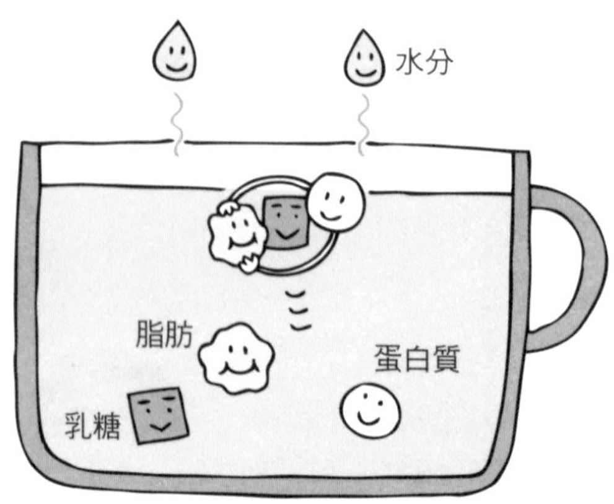

一口氣就解決
藏在電裡的祕密

用實驗破解電的謎團

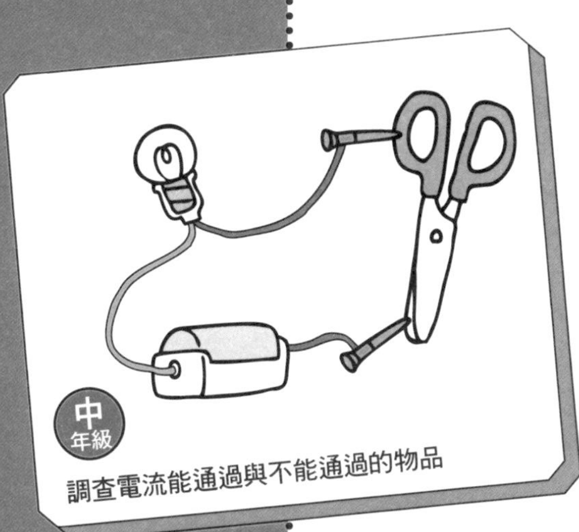

調查電流能通過與不能通過的物品

用太陽光來發電

電是日常生活不可或缺的必備物質。每天用的電是怎麼製造出來的呢？眼睛看不到的電，又是怎麼運作的呢？如果想要知道，就用傳治郎老師的實驗，來確認自然課學過的電力結構吧！

電流能通過？電流不能通過？

電路探測器

物品可以分成電流能通過與不能通過兩種。
親手做一臺電路探測器，
在家也能測試電流通過物品的情形喔！

學校教過的事

電可通過哪些物品呢？

實驗

1. 製作乾電池與小燈泡的迴路。
2. 將各種物品與導線前端做連結。
3. 接到電流能通過的物品，小燈泡就會亮。

結論

- 電流會通過鐵、鋁箔等金屬物品。
  不會通過紙張、塑膠、玻璃等物品。

當導線與能讓電流通過的物品連結時，就會接上迴路，小燈泡就會發亮。連結兩個物品時，如果其中一項無法讓電流通過，迴路就無法接上。傳治郎老師的探測器可以隨身攜帶，所以隨時隨地都能尋找讓電流通過的物品喔。

1 製作手工電路探測器

● **準備材料** 小燈泡、插座、導線、1 號乾電池盒、1 號乾電池、鐵釘 2 根、空紙盒（要比電池盒大）、繩子、防水布膠帶、美工刀、鑽子

1 如下圖所示，連結電池與小燈泡。

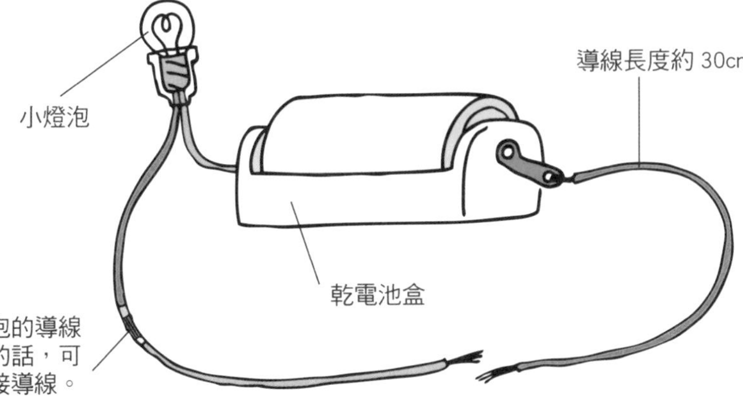

★記得先將導線接起來，確認小燈泡會不會亮。

⚠ 千要不要把導線前端插進電源插座裡，這樣很危險喔。

2 把空紙盒上方與左右側各割一個小洞（參考右上圖），讓小燈泡與導線可以通過。盒子外可以貼上白紙，畫上喜歡的圖案。

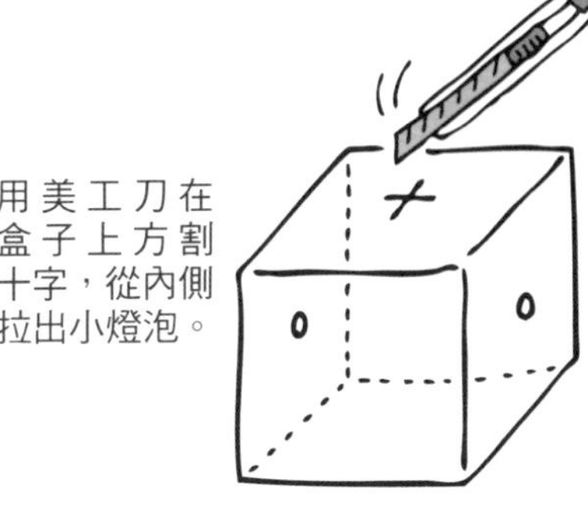

用美工刀在盒子上方割十字，從內側拉出小燈泡。

3 將**1**的迴路放進盒子裡，並將小燈泡與兩根導線從洞裡拉出來（參考右下圖）。

4 導線前端綁上鐵釘，並用防水布膠帶固定好（參考右下圖）。

5 綁上繩子，就能掛在脖子上，隨身攜帶了。

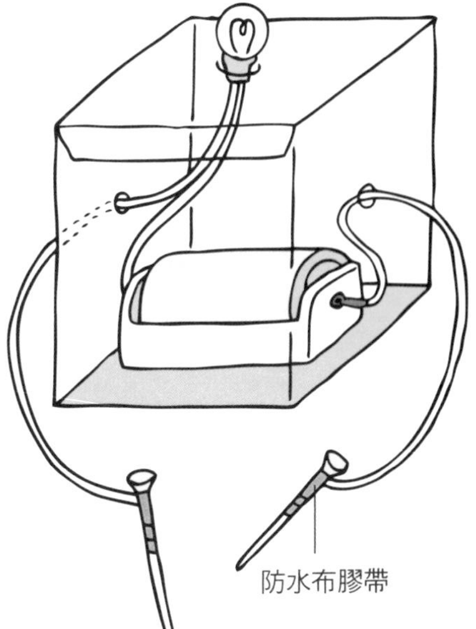

下一頁還有喔

探測器的使用方式

用左右兩側的鐵釘將想調查的物品夾住，
燈泡亮了，就表示有電流通過。

電流有通過的話，就表示迴路有接上。

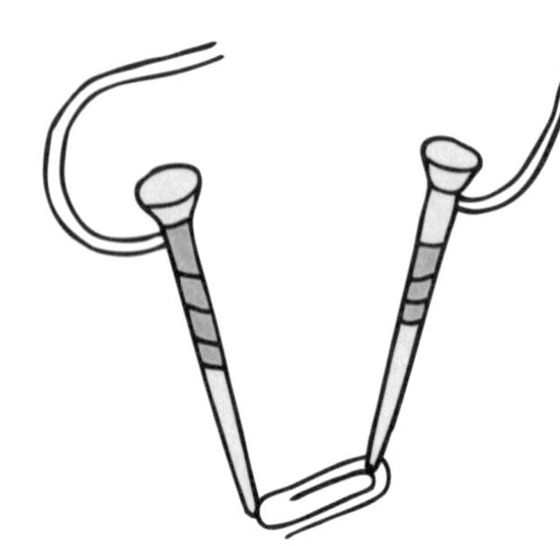

喔，我懂了！

開始調查身邊的各種物品。

【可以讓電流通過嗎？】

- 木炭
- 鉛筆
- 銀珠糖（裝飾蛋糕用）
- 鈔票
- 裝飲料的空鋁罐

什麼東西能讓電流通過？

各式各樣的東西都拿來測試過了嗎？

裝飾蛋糕用的銀珠糖，是使用可食用的銀（屬金屬），所以能讓電流通過。

鋁罐是鋁（屬金屬）製成的，照理說能讓電流通過。不過，外側印刷的塗料，會阻礙電流通過。其實，只要用沒有塗料的地方實驗，燈泡就會亮囉。

鉛筆筆芯含有黑鉛（屬金屬），因此能讓電流通過。把鉛筆兩端削尖，將探測器接上露出的筆芯，燈泡就會發光，而且顏色較深的 4B 鉛筆效果會比 HB 好喔。

至於，把探測器夾在筆芯與木頭的話，是無法讓電流通過的。這是因為木頭那一端不導電，兩者間無法形成電流，燈泡自然不會亮。

●可以讓電流通過

金屬類（鐵、鋁、銅等製品）

●無法讓電流通過

紙、玻璃、木頭、塑膠、橡膠等製品

2 猜一猜，電流會通過嗎？

一起來動動腦吧！

對電流能通過或不通過哪些物品，有基本概念了嗎？
如果是下面這樣連結的組合，燈泡會不會亮起來呢？

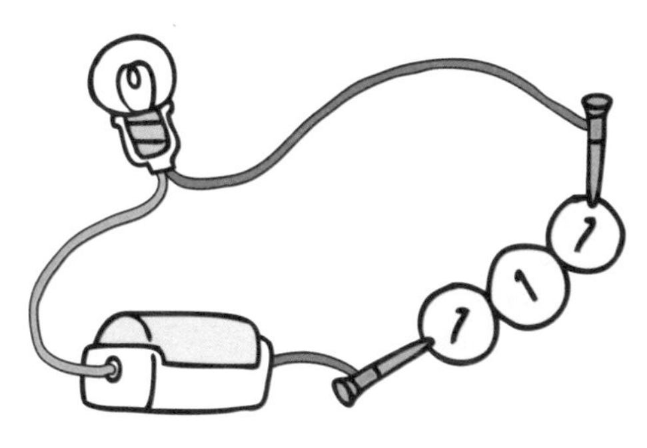

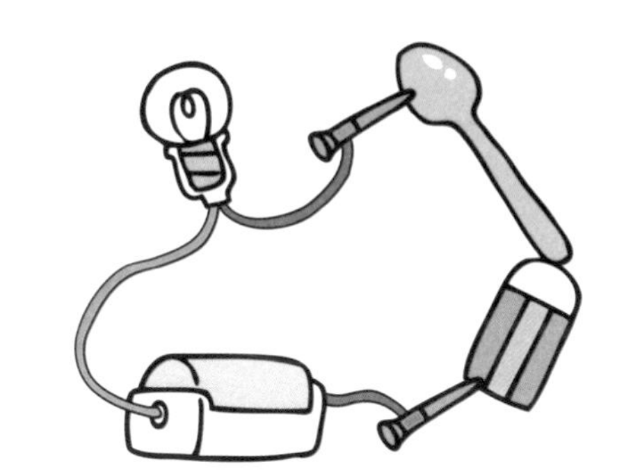

3 剪刀的刀刃＋握柄

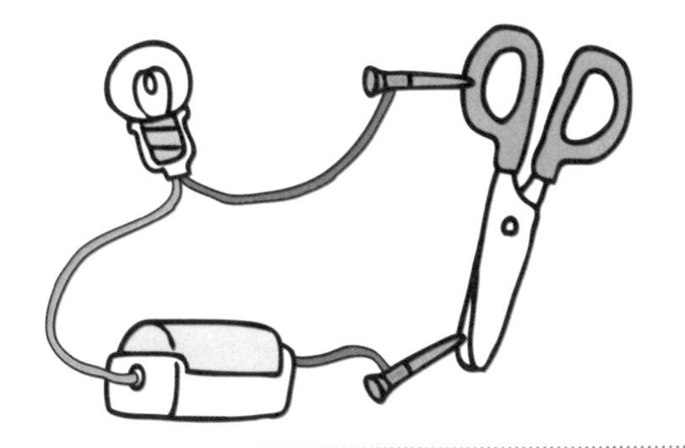

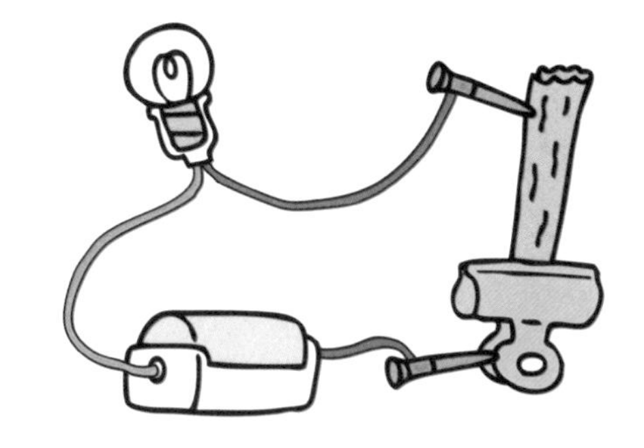

因為 1 元硬幣的主要原料是銅，所以能讓電流通過。同為金屬的物品，兩個以上連結在一起，就能讓電流通過，點亮燈泡。

雖然電流能通過鐵湯匙，但卻無法通過橡皮擦。當電流無法通過其中一個物品，就無法形成電流，產生迴路，燈泡就不會亮。

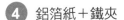

雖然電流會通過剪刀的金屬刀刃，但卻不會通過塑膠刀柄。

鋁箔紙和夾子都是金屬物質，所以能讓電流通過，點亮燈泡。

陽光可以發電

太陽能螺旋槳車

有些人家屋頂會加裝太陽能板，
這是為了收集太陽光，
然後利用太陽光來製造電力，
這可是環保的太陽能發電技術喔！
不過，陽光真的能發電嗎？
試試用小太陽能板來發動螺旋槳車吧！

原來太陽光也能製造電力啊！
不需要用到石油與煤炭，現在很受矚目喔。
快來玩螺旋槳車！

學校教過的事

照射在太陽能板的光線強弱，會影響電力嗎？

實驗

1. 用鏡子將陽光反射到太陽能板上。
2. 馬達會愈轉愈快。

結論

● 照在太陽能板上的光愈強，電力就愈強，通過迴路的電流也會變大。

太陽能板就是利用太陽光或電燈的光來發電。光愈強，流到迴路的電流就會跟著變強，因此，用鏡子來收集陽光的話，馬達就會愈轉愈快。傳治郎老師的實驗則是要做出一輛動力來自太陽能板的車子喔。

1 製作太陽能螺旋槳車

● **準備材料**

太陽能板、馬達、螺旋槳、厚度 1cm 與 5mm 的發泡板、竹籤 2 支、吸管 2 支、鋁製鐵絲 30cm、剪刀、美工刀、圖釘、強力膠、封箱膠帶、雙面膠

※ 太陽能板要選擇 1.5V、250mA 以上的。馬達則推薦用 1 顆 1 號乾電池就能發動的。

1. 將發泡板切割出車身與輪胎（參考圖 I ）。
2. 剪下 10cm 的吸管，用竹籤穿過。在竹籤兩端各插上一個輪胎，並用強力膠固定（參考圖 II ）。最後將輪胎外多餘的竹籤剪掉。要做兩組。
3. 用膠帶將 2 的車輪黏在車體下方。
4. 將馬達與螺旋槳組裝好後，放在車身上方後側，以雙面膠固定。將螺旋槳調整到比較好轉動的位置。
5. 將鐵絲扭轉成長條狀，以膠帶固定立在車體中央，就變成放太陽能板的架子（參考圖 III ）。
6. 將太陽能板以膠帶固定在架子上，再與馬達連結。

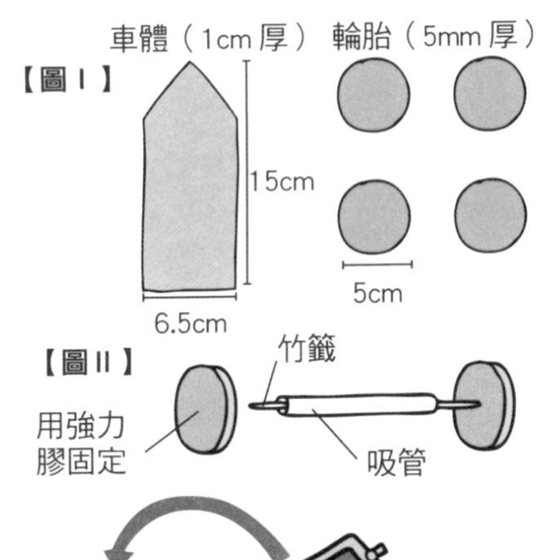

<下方>
<上方>
封箱膠帶

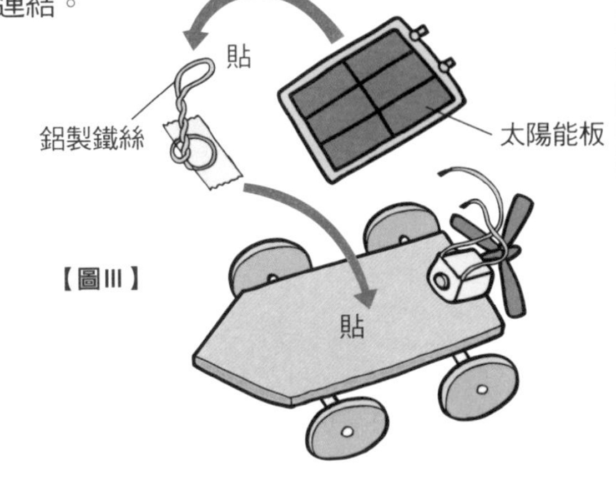

2 讓車子動起來

板子接觸到陽光時，螺旋槳就會開始轉動。放在平坦的表面，讓車子順利向前跑。

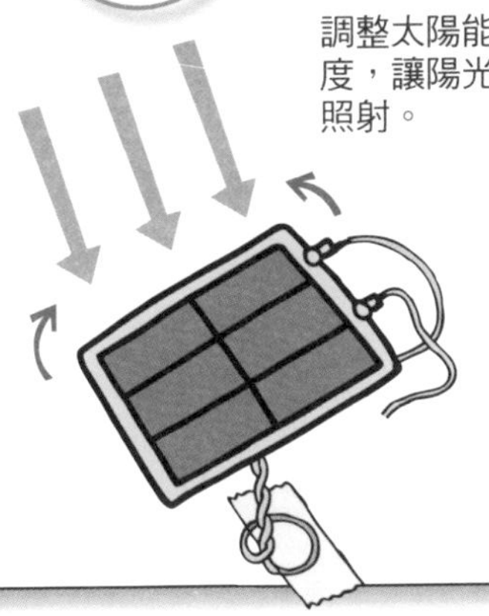

調整太陽能板的角度，讓陽光能直接照射。

用鏡子反射，將光線全都集中到太陽能板上。

大家一起比賽會更好玩喔！

5 用實驗破解電的謎團

陽光可以發電

轉不停的妖怪玩具

用電磁鐵與磁鐵就能做的迴紋針馬達。
加上可愛的裝飾，
就會成為轉個不停的玩具喔。

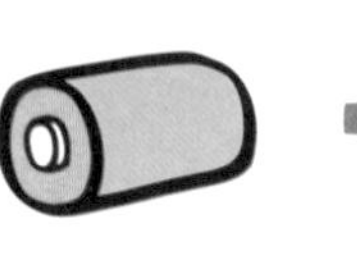
N
S

電跟磁鐵……

會變怎樣啊？

就會變成兩塊磁鐵喔！

學校教過的事

電磁鐵有哪些功能和特性呢？

實驗

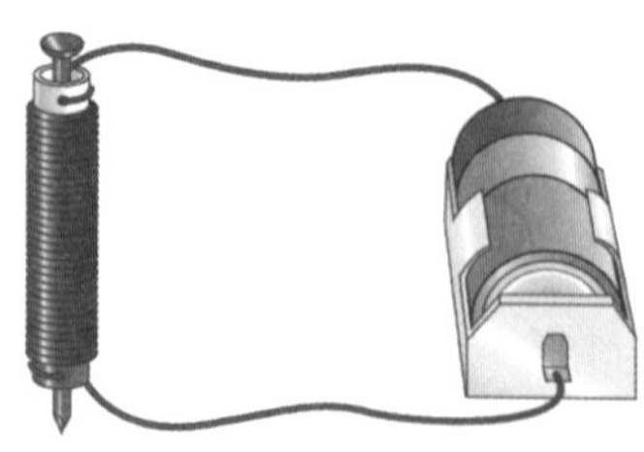

1. 製作線圈，放入鐵芯，讓電流通過。
2. 迴紋針（鐵）一靠近，就會黏住。
3. 電源一關掉，迴紋針就會掉下來。

結論

- **當電流通過時，電會讓鐵芯發揮磁鐵功能。**

電磁鐵和磁鐵一樣，有 N 極跟 S 極之分。傳治郎老師會教大家用電磁鐵與磁鐵做出馬達。馬達是利用磁鐵與電磁鐵兩極相互吸引、排斥的特性，讓線圈產生轉圈效果。

1 製作迴紋針馬達

● **準備材料** 電磁線、乾電池（3 號）、迴紋針 2 支、鐵氧體磁鐵 1 個、薄紙、鉗子、防水布膠帶、漿糊

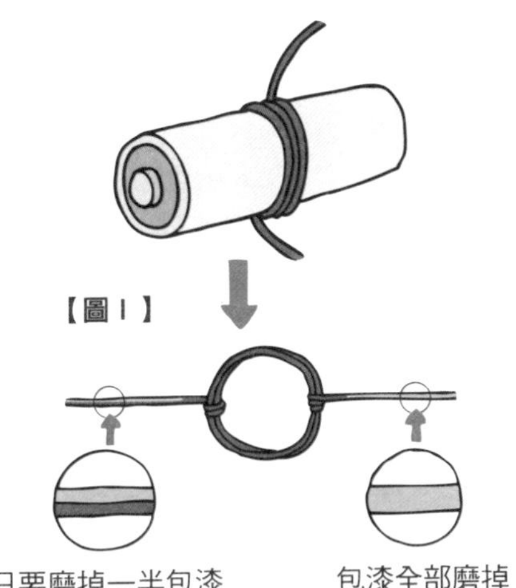

1 將電磁線在電池外側繞 6 ～ 8 圈，再將電池取出，線圈就完成了。電磁線兩端留下約一顆電池的長度後，用鉗子剪斷，並將兩端線頭繞線圈 1 圈（參考圖Ⅰ）。

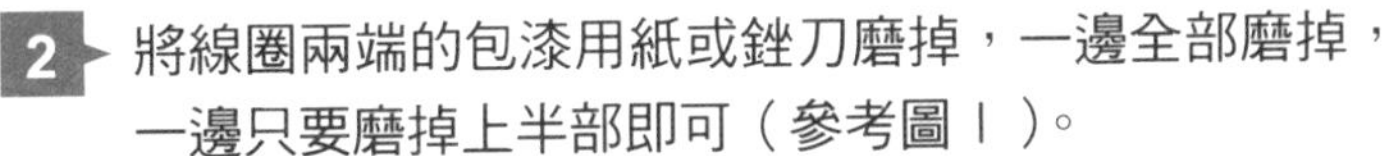

2 將線圈兩端的包漆用紙或銼刀磨掉，一邊全部磨掉，一邊只要磨掉上半部即可（參考圖Ⅰ）。

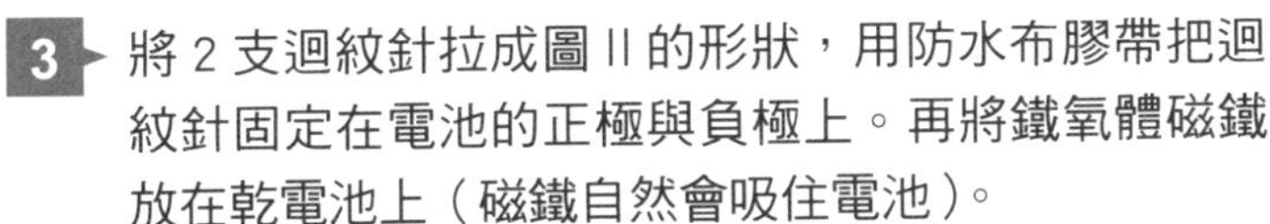

3 將 2 支迴紋針拉成圖Ⅱ的形狀，用防水布膠帶把迴紋針固定在電池的正極與負極上。再將鐵氧體磁鐵放在乾電池上（磁鐵自然會吸住電池）。

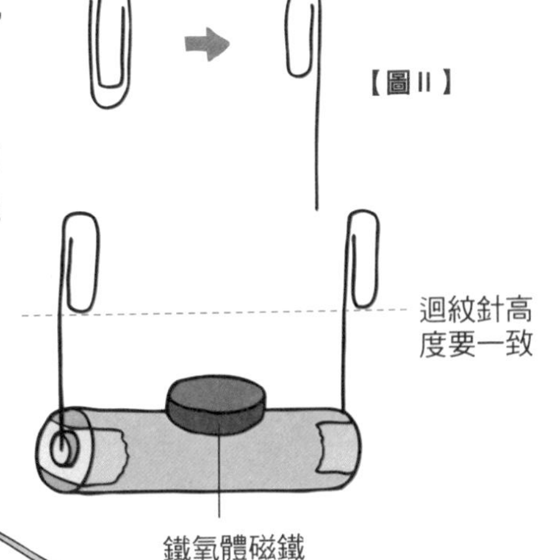

4 配合線圈大小，用薄紙畫出正反兩面鬼臉，貼在線圈兩側，用漿糊黏緊。裝飾不要太大，以免撞到磁鐵，或因太重而無法旋轉。

貼

2 讓妖怪繞圈圈

將線圈放在迴紋針上，就會開始繞圈圈了。

一開始轉不起來的話，可以用手推一下喔。

⚠ 馬達可能會過熱，所以，千萬別讓妖怪一直轉圈圈，也要小心別被燙到。

解說 為什麼妖怪會轉圈圈呢？

迴紋針馬達是由有電流通過就會變成磁鐵的線圈與鐵氧體磁鐵所製成的。線圈只要有電流通過，就會變成磁鐵。跟下方磁鐵相互作用，便開始轉圈。

日常所見的馬達也是由線圈與磁鐵組合而成的。最近體積小但磁力超強的磁鐵被研發出來，小馬達也因此誕生。有了這些小馬達，機器的體積也會愈做愈小。

太乾燥就會被電到

靜電的觀察與測試

每當寒流來襲，穿毛衣的機會就會變多，
有時候，穿著毛衣去碰門把，
居然有種被電到的感覺，這就是靜電。
一起用簡單的裝置來觀測靜電吧！

摸到電視螢幕，就被電到！

梳頭髮時，也一直聽到啪滋啪滋的聲音。

這些都是靜電。靜電很有趣喔！

1 製作靜電杯

● **準備材料**　塑膠免洗杯 3 個，鋁箔紙、剪刀、油性筆、透明膠帶

1 先把一個塑膠免洗杯剪開，做描邊使用。沿著杯身直直剪開，再把較硬的杯口與底部剪掉。

2 將**1**的杯子攤開，放在鋁箔紙上。用油性筆描好邊後，再剪下來。總共需要 2 張。

3 如右圖所示，用**2**將杯子包好，並用膠帶固定。底部要將鋁箔紙往內折好，用膠帶固定。需要做 2 個。

4 將 15cmX15cm 的鋁箔紙折成 1cm 寬的細長條狀，這是要拿來當天線的。

5 將**3**做好的 2 個杯子相疊起來，將**4**如圖所示夾在杯子與杯子中間。

包的時候要留下 1cm 的長度，才能往杯底折喔。
留下一個圈圈

2 製作靜電杯

● **準備材料** 實驗 1 做好的靜電杯、圍巾（乾布或面紙也可以）、吹好的長氣球 1 顆

用圍巾磨擦氣球產生靜電後，將氣球靠近天線。重複幾次後，杯子裡就會儲存許多的電力。

※ 一旦碰到杯子邊緣的塑膠部分，電就會跑掉，請盡可能不要碰到喔。

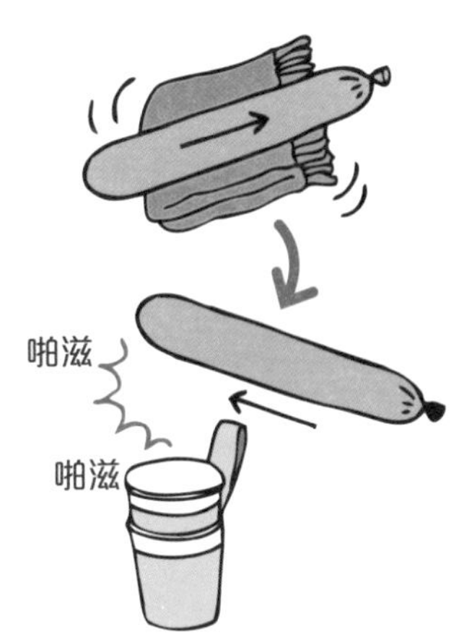

3 用靜電來玩遊戲

【觀賞靜電】

把房間裡的燈通通關掉，打開剪刀，將一邊的刀片靠近杯子側邊，另一邊則靠近天線，瞬間就會看到電流閃過的樣子。

【感覺靜電】

一手拿著杯子，一手用手指快速碰一下天線，會有被電到的感覺。也可以幾個人手牽手圍成一圈，第一個人拿著杯子，最後一個人用手碰一下天線。

還有下一頁喔

靜電是什麼？為什麼會被電到？

靜電不會流動，但是會默默地累積。物質裡含有相同數量的正極與負極電，其中只有負極電才會在不同物質間相互移動。

金屬與水是讓負極電更加方便移動的媒介。氣球磨擦後產生的靜電，在靠近鋁箔紙做成的天線時，氣球上的負極電就會轉移到天線，累積在杯子的鋁箔紙上。這時，將杯子靠近金屬剪刀或由 70%水分所組成的人體，負極電就會快速朝這兩邊移動，而出現被電到的感覺。

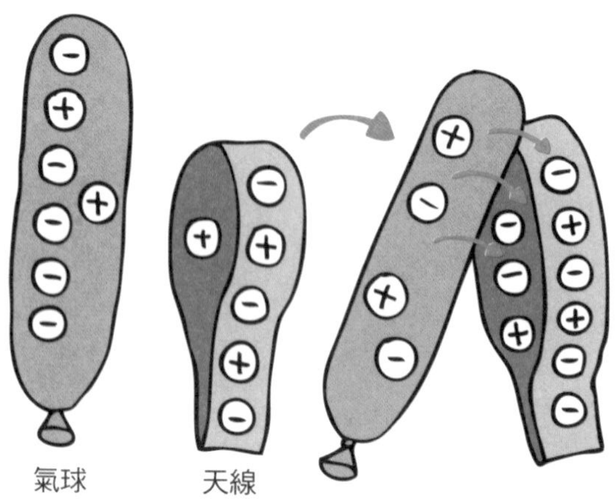

心臟不好，或裝有心律調整器的人，不要做這個實驗喔！

4 用靜電玩更多遊戲

準備材料 打包行李用的尼龍繩、長條氣球、乾布或圍巾、剪刀、圖畫紙、透明膠帶、保麗龍板

【製作靜電水母】

1. 剪下 20cm 長的尼龍繩，並將小細紋仔細拉直。
2. 尼龍繩都是 2 條疊在一起的，所以可以將尼龍繩一分為二。攤平之後，將兩條繩子的其中一端綁起來。
3. 為了減輕重量，打結處剪得愈短愈好。
4. 將尼龍繩撕成一條一條的細絲狀。

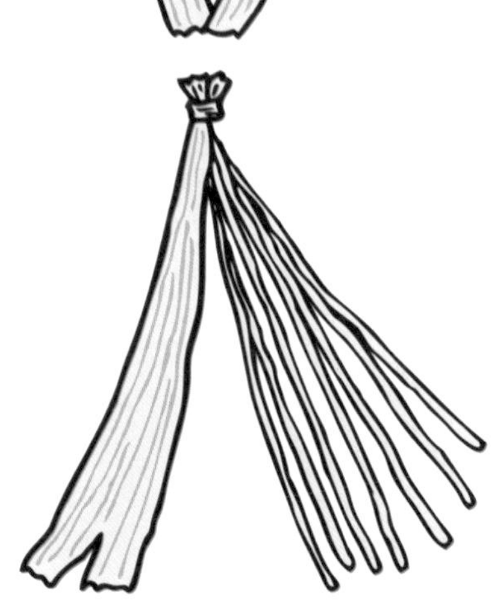

5 將**4**攤在桌上，用乾布仔細磨擦，靜電水母就完成了。將靜電水母往空中拋上去，並將用布擦過產生靜電的氣球放在下面接，水母就會慢慢往上飄喔！

【製作靜電帽】

1 將圖畫紙捲成三角錐形狀，用膠帶固定好（參考圖Ⅰ）。

2 將下面剪齊，做成三角帽。

3 將靜電水母黏在帽子頂端，在內側貼上膠帶就完成了。

4 請一位朋友戴上帽子，並站在保麗龍板上。再請一個人拿著磨擦過的氣球，重複靠近戴帽子的人。帽子上的靜電水母就會開始倒立喔！

5 **消除靜電的方法**
離開保麗龍板，就能讓靜電消失，水母就會自然垂下。再請另一個人拿著用木頭做的東西，請戴帽子的人握住，靜電就會通通跑掉囉，而且還不會被電到。直接摸人也會讓靜電跑掉，但就會有被電到的感覺。

【圖Ⅰ】

實驗時，放一塊保麗龍板是要與地面隔離，這樣靜電才不會跑掉。

●為什麼要消除靜電呢？
做實驗時，體內會累積靜電，就這樣直接摸到門把或其他人的皮膚，就會有被電到的感覺。但只要先摸過金屬或人以外的物品，如木頭、布、玻璃等，再去摸門把、與人接觸，就不會出現這個問題。金屬與水都容易導電，一碰到就會讓累積的靜電瞬間流動，人就會出現被電到的感覺。木頭或玻璃不能導電， 當然不會有這個問題。

傳治郎老師想對讀者說的話

做實驗才能發現科學很有趣

小時候的我，雖然不太喜歡上學，卻很喜歡自然課的實驗時間。像是把各種藥品混在一起或製作電磁鐵等，都被我當成遊戲在玩，也因此留下許多快樂美好的回憶。

相信大部分的人都覺得，「自然就跟國語、數學一樣，都是硬梆梆的無聊科目」。不過，在我的心裡，「自然就跟音樂、體育一樣，是個好玩的科目喔」。上音樂課的時候，可以吹直笛、唱歌；體育課則可以跑步、打球、游泳；自然課是需要實驗與觀察的科目，光是盯著教科書看，根本無法體會其中樂趣。所以，一定要親手做實驗，並用自己的眼睛仔細觀察。

實驗當然會遇到失敗的時候。我反而希望大家做實驗時，不要第一次就成功。就算失敗，也沒有什麼好難過的，因為不論做什麼事，每個人都有可能會失敗啊。比方說，在書上看到「如何學會騎腳踏車」的方法，也不表示努力看完就騎的好。練習是必要的，自然課的實驗也是一樣的道理，想要熟練，就不能心急。等到實驗成功的當下，油然而生的成就感，可是筆墨難以形容的。就是因為不簡單，所以才有趣。

最難能可貴的是，失敗之後開始懂得思考「為什麼會失敗呢」、「該怎麼處理」、「有其他可行的方法嗎」等，接下來，就會為了找答案而查資料、問人，想盡辦法來解決眼前的問題。這樣的過程是非常重要的，因為無形之中也培養了解決問題的能力。這是長大之後，一定能派上用場的能力。

失敗是體驗成功的過程，等到成功時，便能體會「原來真的是這樣啊」的喜悅了。靠自己的力量，重現科學家的發現，是一件讓人感動的事。雖然，有些實驗幾百年前就有人做過，但絕對不會退流行。無論經歷多少歲月，成功時的快樂，都不會褪色。

科學，是經過無數實驗累積起來的事實，因此能流傳至今。幾百年幾千年以來，經過了無數人的實驗，才確認了正確性。超方便、輕巧的智慧型手機、載著人在天空翱翔的飛機、功能齊全的電腦等，都曾經經歷這樣的過程。

未來一定會出現現在都無法想像的驚人發展，這本書裡的實驗，也將培養出具有科學理性思考模式的未來力。

科學玩很大①

輕鬆理解學校自然課，激發孩子創意滿滿的科展魂〔暢銷修訂版〕

作　者　米村傳治郎
翻　譯　王薇婷
選　書　林小鈴
主　編　陳雯琪

行銷經理　王維君
業務經理　羅越華
總 編 輯　林小鈴
發 行 人　何飛鵬
出　版　新手父母出版
城邦文化事業股份有限公司
台北市中山區民生東路二段 141 號 8 樓
電話：(02) 2500-7008　傳真：(02) 2502-7676
E-mail：bwp.service@cite.com.tw
發　行　英屬蓋曼群島商家庭傳媒股份有限公司城邦分公司
台北市中山區民生東路二段 141 號 11 樓
讀者服務專線：02-2500-7718；02-2500-7719
24 小時傳真服務：02-2500-1900；02-2500-1991
讀者服務信箱 E-mail：service@readingclub.com.tw
劃撥帳號：19863813
戶名：書虫股份有限公司

香港發行所　城邦（香港）出版集團有限公司
香港灣仔駱克道 193 號東超商業中心 1F
電話：(852) 2508-6231　傳真：(852) 2578-9337
E-mail：hkcite@biznetvigator.com
馬新發行所　城邦（馬新）出版集團 Cite(M) Sdn. Bhd. (458372 U)
11, Jalan 30D/146, Desa Tasik,
Sungai Besi, 57000 Kuala Lumpur, Malaysia.
電話：(603) 90563833　傳真：(603) 90562833

國家圖書館出版品預行編目 (CIP) 資料

科學玩很大 . 1：輕鬆理解學校自然課，激發孩子創意滿滿的科展魂 / 米村傳治郎著；王薇婷譯 . -- 二版 . -- 臺北市：新手父母出版，城邦文化事業股份有限公司出版：英屬蓋曼群島商家庭傳媒股份有限公司城邦分公司發行，2023.02
面；　公分 . -- (學習力 ; SG0026X)
譯自：でんじろう先生の学校の理科がぐんぐんわかるおもしろ実験
ISBN 978-626-7008-35-5(平裝)

1.CST: 科學教育 2.CST: 科學實驗 3.CST: 小學教學

523.36　　112000877

封面設計 / 鍾如娟
內頁排版 / 李喬葳
製版印刷 / 卡樂彩色製版印刷有限公司
2017 年 07 月 18 日初版 1 刷
2023 年 03 月 02 日二版 1 刷
定價 400 元
ISBN：978-626-7008-35-5（紙本）

Printed in Taiwan

城邦讀書花園
www.cite.com.tw

DENJIRO-SENSEI NO GAKKO NO RIKA GA GUNGUN WAKARU OMOSHIRO JIKKEN
Supervised by Denjiro Yonemura

Original Japanese edition published by SHUFU-TO-SEIKATSU SHA LTD., Tokyo
This Complex Chinese language edition is published by arrangement with SHUFU-TO-SEIKATSU SHA LTD., Tokyo in care of Tuttle-
Mori Agency, Inc., Tokyo through Future View Technology Ltd., Taipei.